DeepSeek使用指南

从入门到变现

孙宏量 著

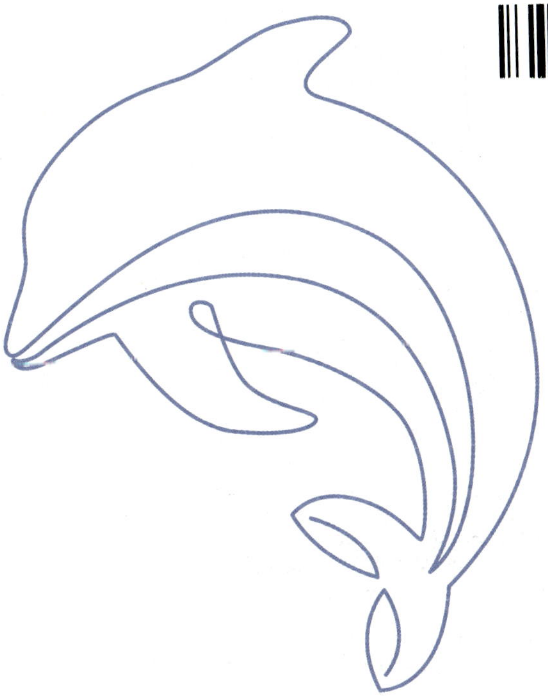

北京时代华文书局

图书在版编目（CIP）数据

DeepSeek使用指南：从入门到变现 / 孙宏量著.北京：北京时代华文书局，2025. 3.（2026.3重印）

ISBN 978-7-5699-6028-0

Ⅰ. TP18-62

中国国家版本馆CIP数据核字第20253AT833号

DeepSeek SHIYONG ZHINAN：CONG RUMEN DAO BIANXIAN

出 版 人：陈　涛

选题策划：樊艳清　王凤屏

责任编辑：王凤屏

装帧设计：迟　稳

责任印制：刘　银

出版发行：北京时代华文书局 http://www.bjsdsj.com.cn

北京市东城区安定门外大街138号皇城国际大厦A座8层

邮编：100011　电话：010-64263661　64261528

印　　刷：河北京平诚乾印刷有限公司

开　　本：880 mm×1230 mm 1/32　　成品尺寸：145 mm×210 mm

印　　张：8　　字　　数：150千字

版　　次：2025年4月第1版　　印　　次：2026年3月第11次印刷

定　　价：58.00元

序言

从蒸汽机到DeepSeek——人类第四次生产力革命

朋友，你有没有想过，人类的历史是怎么被一次次改写的？几百年前，蒸汽机嘶吼着开动了工厂的齿轮，浓烟从烟囱里升起，火车载着人们奔向远方，那是第一次生产力革命的序曲。后来，汽车轰鸣着跑上了大街小巷，电力点亮了黑夜，流水线让生产变得更快，那是第二次革命的辉煌。再后来，计算机和互联网把我们带进了数字时代，信息像风一样流动，世界变成了一个大村子，那是第三次革命的浪潮。而现在，我们站在第四次生产力革命的门口——人工智能（AI）的时代。这本书，就是写给像我们的妈妈、爸爸这样的普通人，或者像在校大学生这样对未来充满好奇的你，又或者已经在职场上努力的你。只要你对AI有点兴趣，不想错过这个改变世界的大机会，这本书就是你的起点。

DeepSeek是什么？它是一个人工智能的名字，但它代表的，不仅仅是一个技术，而是一种像蒸汽机、汽车一样的革命性力量。想象一下，当年蒸汽机让人们从手推磨的苦力中解放出来，工厂一天能干完过去一年的活；汽车让马匹退场，城市和乡村的距离不再是问题；电力让夜晚亮如白昼，生活从此不再被太阳支配。而AI，尤其是像DeepSeek这样的技术，正在做同样的事——它让机器学会了思考、学习，甚至帮我们做决定。它能帮我们的妈妈轻松想出一周的菜谱，帮我们的爸爸查资料讲故事，还能陪大学生朋友写论文、找灵感。它不是高高在上的科技玩具，而是实实在在走进我们生活的帮手。

这场革命有多重要？看看过去就知道了。蒸汽机让社会从农田走向工厂，汽车让城市连成一片，互联网让信息无处不在。现在，AI正在重新定义生产力。它能让工作更高效，让生活更简单，甚至让梦想更容易实现。你不需要是科学家，也不需要懂编程，就像你开汽车不用知道引擎怎么造一样。这本书的目的，就是用最接地气的方式，带你认识DeepSeek，认识AI。我会告诉你，它为什么像蒸汽机一样伟大，它怎么能让你的生活变得不一样。

我常想，当年那些错过蒸汽机的人，可能一辈子都没想到世界会变成什么样；没赶上汽车和电力的人，可能永远留在慢节奏的老时光里。今天，AI的浪潮已经来了，如果你不抬头看一眼，可能就会错过一个全新的时代。我写这本书，是希望你——不管是忙着做饭的妈妈、爱看报纸的爸爸，还是坐在教室里的学生——都能感受到这场变革的温度。AI不是别人的故事，它是每个人的机会。就像蒸汽机让体力不再是限制，汽车让距离不再是障碍，

DeepSeek和AI会让你的想象力和可能性无限放大。

所以，翻开这本书吧。让我们一起从蒸汽机走到DeepSeek，见证这场人类第四次生产力革命。它会改变社会，改变生产力，更会改变你我的生活。不管你是谁，只要你愿意迈出这一步，你就能从中受益。因为这场革命，不只是技术的狂欢，更是属于我们每个人的新篇章。

目录

第1章 认识AI——重新定义可能的边界

第2章 从DeepSeek开始你的AI入门

第 3 章

让DeepSeek助力我们的学习、工作和生活

第 1 章

认识 AI
——重新定义可能的边界

1943 年的某个深夜，当神经生理学家沃伦·麦卡洛克与数学家沃尔特·皮茨在芝加哥大学的实验室里，用数学公式模拟出第一个神经元计算模型时,人类对“智能”的认知开始了一场静默的革命。这场革命在 2023 年迎来高潮——ChatGPT 引起了全球范围内的广泛关注。我们正站在一个历史性拐点：AI 不再只是执行命令的工具，而是重新划定人类认知疆域的“边界重塑者”。

1.1 AI的前世——从图灵到DeepSeek，人类等了80年！

人工智能（AI）如今已经渗透到我们的生活中，从语音助手到自动驾驶汽车，AI的身影无处不在。但你知道吗？这一切的起点可以追溯到几十年前。让我们一起走进AI的历史，探索它的第一次亮相、关键突破，以及新的革命性进展——DeepSeek。

在深入讲述AI的故事之前，让我们先按照时间顺序列出几个关键节点，这些关键节点串联起了AI发展的脉络：

- 1950 年：艾伦·图灵提出“图灵测试”，奠定AI理论基础。
- 1956 年：达特茅斯会议上，AI作为一门学科正式诞生。
- 1965 年：ELIZA问世，开启自然语言处理探索。
- 1970 年：SHAKEY机器人成为首个自主导航的AI系统。
- 1997 年：IBM的深蓝击败国际象棋冠军卡斯帕罗夫。
- 2011 年：IBM的沃森在《危险边缘》节目中战胜人类。
- 2012 年：AlexNet引领深度学习革命。
- 2016 年：AlphaGo击败围棋世界冠军李世石。
- 2022 年：OpenAI发布GPT-3.5，引爆生成式AI。

○ 2023 年：OpenAI发布GPT-4，多模态能力跨越式升级。

○ 2024 年：Sora模型实现文字生成高清视频，颠覆内容创作。

○ 2025 年：DeepSeek-R1面世，开启AI效率与普惠时代。

将这些关键节点串联起来后，让我们看看AI是如何一步步走到了今天的。

AI的诞生（1950—1956年）

一切始于1950年，英国数学家艾伦·图灵发表了一篇划时代的论文，提出了一个问题：“机器能思考吗？”他设计了“图灵测试”，用以判断机器是否具备人类智能。这一想法为AI提供了理论起点。6年后，1956年，美国科学家约翰·麦卡锡在达特茅斯会议上正式提出“人工智能”概念，标志着AI作为一门学科的诞生。那时的研究者们满怀雄心，梦想机器能很快像人一样思考，但这条路远比想象中艰难。

早期探索（1960—1970年）

到了20世纪60年代，AI开始迈出实质性步伐。1965年，约瑟夫·魏岑鲍姆开发了ELIZA，这是一个能模拟人类对话的程序。尽管它只是基于简单的关键词匹配，却让人们首次看到AI在语言处理上的潜力。1970年，斯坦福研究所的SHAKEY机器人问世，它能感知周围环境、规划路径并移动，成为首个自主导航的AI系统。这两个突破展示了AI在语言和机器人领域的可能性。

寒冬与曙光（1980—2000年）

20世纪80年代，AI因技术瓶颈和过高预期陷入“寒冬”，对其的资金投入和开发兴趣骤减。但在这个低谷期，专家系统崭露头角，比如XCON（用于计算机系统配置）、PROSPECTOR（用于矿产勘探）。到了1997年，IBM的深蓝在国际象棋比赛中击败世界冠军加里·卡斯帕罗夫，震惊全球。深蓝每秒能评估2亿个棋局走势，靠强大的计算力取胜，虽然它还远不能像人类一样灵活思考，但这次胜利让世界重新关注AI。

1.2 AI的今生——现代AI的腾飞

如果说过去的AI发展像一条缓缓流淌的溪流，那么最近3年，它已化作奔腾的江河，裹挟着惊人的能量冲刷着人类社会的每一个角落。

我们按照时间线，先回顾一下近几年AI发展史上的大事件：

2022年4月，OpenAI发布DALL-E 2，图像生成技术迈入新阶段。

2022年7月，AI绘画工具Midjourney公开测试，允许用户生成艺术图像。

2022年11月，OpenAI发布ChatGPT，基于GPT-3.5，掀起文本生成热潮。

2023年2月，Microsoft发布新版Bing搜索引擎，集成AI对话。

2023年3月，OpenAI发布GPT-4，支持多模态。

2023年4月，Amazon推出Bedrock，包含Titan模型。

2023年7月，Meta发布Llama 2，开源语言模型。

2023年9月，OpenAI发布DALL-E 3，图像生成升级。

2023年12月，Google发布Gemini，多模态AI家族。

2023年12月，Perplexity AI推出，增强搜索功能。

2023年12月，Suno AI发布，音乐生成普及。

2024年2月，OpenAI发布Sora，生成高质量视频。

2024年2月，Stability AI发布Stable Diffusion 3，图像生成优化。

2024年4月，Meta发布 Llama 3，开源模型升级。

2024年12月，Google发布Gemini 2.0，性能提升。

2025年1月，DeepSeek-R1模型发布，开源模型进入新篇章。

2025年2月，OpenAI举行直播活动，发布最新大模型GPT-4.5，作为预览研究逐步向用户开放。

AI的今天，是一个百花齐放的时代。

从ChatGPT开启的文本生成热潮，到DALL-E 2、Midjourney的图像革命，再到Suno AI和Sora的多模态突破，技术的井喷式发展正在重塑我们的世界。在这场智能革命中，DeepSeek以其开源、高效和易用的特点脱颖而出，成为每个人都能掌握的AI工具。它不仅让尖端技术更加普惠，还为普通用户提供了参与AI创新的机会。

接下来的篇章，将深入介绍DeepSeek的使用方法，让它成为你在生活中和工作上的得力助手，助你在AI时代乘风破浪，成为真正的弄潮儿！

1.3 AI到底能做什么？不能做什么？

AI到底能做什么？

从生成文本到创作图像、音乐和视频，AI的能力让人惊叹。它已经成为我们生活和工作中不可或缺的一部分，但它并非万能。AI的能力主要体现在处理大量数据、识别模式和生成内容等方面。它更擅长的几个关键领域如下。

关键领域	解析	具体表现
模式识别：从混乱中找到规律	AI 擅长分析海量数据并从中提取模式。	例如，在医疗领域，AI 能通过分析 X 光片或 MRI 图像，识别癌症等疾病的早期迹象，准确率有时甚至超过人类医生。 案例：AI 系统在乳腺癌筛查中检测出病例的水平比放射科医生平均水平高。
数据处理：高效完成重复任务	AI 能在短时间内处理庞大数据，远超人类速度。	例如，ChatGPT 可以瞬间生成一篇 500 字的文章，而人类可能需要几小时。它还能整理财务报表、分析销售趋势，帮助企业快速决策。 案例：Bedrock 平台帮助企业将数据分析时间从数周缩短到数小时，提升了供应链效率。

（续表）

关键领域	解析	具体表现
创意激发：生成艺术与内容	AI 在创意领域表现亮眼。	例如，Midjourney 和 DALL-E 3 能根据文字生成逼真图像，Suno AI 能创作音乐，Sora 能制作视频。这些工具让普通人也能轻松成为“创作者”。 案例：2024 年，一位独立电影制作者使用 Sora 在一周内完成了原本需要数月才能完成的短片制作，成本仅为传统方法的十分之一。
自动化与优化：解放人力	AI 能接管重复性任务，如客服聊天机器人、自动驾驶导航和智能家居控制。GitHub Copilot 还能为程序员提供代码建议，大幅提高开发效率。	案例：2023 年，某电商平台使用 AI 客服机器人处理了 80% 的客户咨询，人工客服的工作量减少了一半。

AI 不能做什么？

尽管AI能力强大，但它也有明显的局限性，主要集中在情感、判断和真实体验方面。

关键领域	解析	具体表现
情感理解：无法真正共情	AI 可以模仿情感反应，但无法真正理解人类的情感复杂性。	例如，ChatGPT 能生成安慰的话语，但它并不知道悲伤是什么感觉，也无法像朋友那样提供真挚的陪伴。 案例：2023 年，一位用户尝试用 AI 咨询心理问题，尽管其回答逻辑清晰，却缺乏温暖，效果远不如人类咨询师。

（续表）

关键领域	解析	案例
价值判断：缺乏道德自主性	AI 无法独立进行道德或伦理判断，它的行为完全依赖训练数据和程序设定。如果数据有偏见，AI 的输出也可能出现偏差。	例如，早期招聘 AI 系统因训练数据偏向男性，导致女性求职者被不公平对待。 案例：2024 年，某 AI 面试工具因数据偏差错误筛选候选人，该人最终被公司辞退。
真实体验：无法取代感官与直觉	AI 缺乏人类的感官体验和直觉判断。它能生成食谱，却无法品尝菜肴的味道；能写诗，却无法感受诗中的意境。这种局限让 AI 在需要主观体验的领域显得无力。	案例：2024 年，一款 AI 烹饪助手生成的菜谱虽逻辑合理，但因忽略了口感搭配，被用户吐槽“理论上可行，实际上难吃”。
创新边界：依赖人类指引	AI 的“创新”本质上是基于已有数据的重组，而非真正的原创。它需要人类提供方向，无法凭空产生颠覆性想法。	例如，Suno AI 的音乐创作依赖用户输入的风格和歌词，无法独立开创全新音乐流派。 案例：2023 年，一场 AI 艺术展中，所有作品虽惊艳，却被评论家指出“缺乏灵魂”，因为它们只是模仿而非创造。

AI的强项在于高效、精确和可扩展性，它能处理人类难以企及的大规模任务。但它的局限在于缺乏情感深度、道德意识和真实体验。这意味着AI更适合作为工具，而非替代者。例如，医生可以用AI辅助诊断，但最终的治疗决策仍需人类判断；艺术家可以用AI启发灵感，但作品的情感内核仍需自己注入。

接下来，我们将展示AI是如何落地，如何助力产品开发的。

1.4 AI硬件也在发展中

在AI技术迅猛发展的时代，硬件设备成了推动技术革新的重要支柱。从高性能计算机到便携式智能设备，AI硬件正在改变我们的生活方式。下面将为大家介绍市面上的主要AI设备类别与一些明星产品。

AI硬件可分为以下几类，每类都有代表性产品。

AI加速器

AI加速器专为加速AI任务设计，如训练神经网络和推理模型。

代表性产品	详情
NVIDIA H100 GPU	2022 年推出，适合 AI 训练和推理，计算能力达 30TFLOPS
AMD MI300X	2023 年发布，高性能 GPU，兼顾 AI 和高性能计算
Intel Gaudi3	2024 年推出，深度学习优化，高吞吐量、低延迟

边缘AI设备

边缘AI设备在本地执行AI任务，减少云端依赖，适用于实时应用和隐私保护。

代表性产品	详情
Apple M4 芯片	2024 年推出，Mac 核心，神经引擎增强 AI 性能
Qualcomm Snapdragon 8 Gen 3	2023 年推出，手机芯片，内置 NPU 支持 AI 任务
Intel Core Ultra	PC 内置 AI 加速，2023 年发布

AI驱动的可穿戴设备

可穿戴设备结合AI，提供个性化服务，如健康监测和语音交互。

代表性产品	详情
Ray-Ban Stories	2021 年推出，智能眼镜，支持语音命令和拍照
AI Pin by Humane	2023 年推出，可穿戴 AI 助手，语音和手势交互，附着于衣物

AI赋能的消费电子

消费电子通过AI提升用户体验，如智能电视和机器人吸尘器。

代表产品	详情
LG OLED TVs with AI	2023 年推出，智能电视，AI 优化画质和音效
Amazon Echo Dot	2022 年推出，智能音箱，Alexa 驱动语音任务
Roborock S7 MaxV Ultra	2022 年亮相，AI 导航机器人吸尘器，清洁效率高
Rabbit R1	2024 年推出，手持 AI 助手，执行如订餐、预订任务

AI机器人

AI机器人用于服务、工业或个人助理，具备导航和交互能力。

代表产品	详情
Boston Dynamics Spot	2023 年推出，集成了 ChatGPT 的机器狗，可执行 AI 导航执行任务
SoftBank Pepper	2014 年亮相，社交机器人，AI 驱动人机交互
Tesla Optimus	2024 年亮相，通用机器人，开发中用于多种任务

第 2 章

从 DeepSeek 开始你的 AI 入门

在人工智能（AI）飞速发展的今天，掌握AI技术已成为未来竞争力的关键。如果你对AI充满好奇，却不知从何入手，DeepSeek将是你开启AI之旅的理想起点。DeepSeek作为一款先进的AI工具，不仅提供了强大的技术支持，还为用户提供了直观的学习路径和实践机会。

通过DeepSeek，你可以轻松了解AI的基本概念，其丰富的资源和教程帮助初学者快速上手，而高级功能则为有经验的开发者提供了深度探索的空间。无论是数据分析、模型训练，还是智能应用开发，DeepSeek都能为你提供全面的支持。

无论你是谁，DeepSeek都将成为你的AI得力助手。从DeepSeek开始，迈出你的AI第一步，探索智能世界的无限可能！

2.1 我该如何挑选AI？

在AI工具层出不穷的今天，国内用户选择AI时需考虑实际需求和使用场景。以下从6个维度对比ChatGPT、DeepSeek、豆包、Kimi、Gemini和Grok，帮你快速找到最适合的AI助手。

6 大维度	表现情况	代表
国内访问难易度	最便捷	DeepSeek、豆包、Kimi
	中等	Grok
	最困难	ChatGPT、Gemini
多模态能力（文本 + 图片等）	最强（支持文本 + 图像，功能全面）	ChatGPT、Gemini
	中等（支持图片，功能有限）	DeepSeek、豆包
	较弱（主打文本，暂无语音或电话）	Kimi、Grok

（续表）

6 大维度	表现情况	代表
模型智力水平	推理能力强	DeepSeek、ChatGPT、Grok
	上下文能力强	Kimi、Gemini
	数字能力强	Kimi、DeepSeek、ChatGPT
Token 长度（文档处理能力）	超长（200K Token，约 15 万字）	Kimi、Gemini
	较长（128K Token，约 10 万字）	ChatGPT、DeepSeek
	中等（32K Token，约 2.5 万字）	豆包、Grok
用户量	全球强（超 2 亿）	ChatGPT
	国内强（数千万）	豆包
	增长快	DeepSeek、Kimi
背后公司	美国巨头	ChatGPT（OpenAI）、Gemini（Google）
	中国力量	DeepSeek（深度求索）、豆包（字节跳动）、Kimi（Moonshot AI）
	初创潜力	Grok（xAI）

对于国内用户而言，要如何选择使用适合自己的AI工具和模型，好让AI帮助我们在生活、工作、学习上更有效率呢？我们可以根据每个AI的特长，来选择合适的AI。

现有的 AI	特点
DeepSeek	性价比最高，访问方便，开源高效，适合编程和学习
Kimi	长文档处理专家，适合研究
豆包	娱乐和内容创作优选
ChatGPT Gemini	功能强大，但访问门槛高
Grok	关注实时资讯的幽默助手

根据你的需求选对AI，释放它的最大潜力！

2.2 为何选择DeepSeek?

正如前文所讲，市面上涌现出众多AI工具和模型，它们各有千秋，功能强大。然而，在这本书中，我们特别选择了DeepSeek作为讲述和推荐的重点。这并非偶然，而是DeepSeek所具备的独特优势和它所代表的AI普惠理念。本部分将详细讲述DeepSeek的6大价值，希望大家通过快速了解DeepSeek的知识，快速开启属于自己的AI时代新篇章。

价值1. 免费：让AI公平地属于每一个人

DeepSeek最显著的特点之一是它的开源性。与许多需要付费订阅的商业AI模型不同，DeepSeek免费向全球用户开放。无论你是学生、开发者，还是对AI充满好奇的普通人，都能无门槛地使用它。这种开放性打破了技术壁垒，让AI不再是少数人的专属，而是每个人都能触及的工具。

这对你意味着什么？使用DeepSeek，你无须支付高昂费用，就能体验到顶级AI的智能服务。它让你有机会参与到AI这场技术革命中，无论是学习新知识、提升工作效率，还是探索未来可能。

价值2. 易上手：无需技术背景，轻松上手

DeepSeek的设计充分考虑了普通用户的需求，界面简洁友好，操作直观简单。即使你没有编程经验或技术背景，也能快速上手。无论是生成文本、解答疑问，还是辅助创作，DeepSeek都能以最便捷的方式为你提供支持。

这对你意味着什么？意味着你不需要成为技术专家，就能享受AI带来的便利。DeepSeek就像一个贴心的助手，随时为你提供帮助，让你在日常生活中轻松感受到智能的力量。

价值3. 技术实力雄厚：高效且强大

DeepSeek在技术性能上毫不逊色于其他顶级AI模型，如ChatGPT。它在文本生成、问题解答、编程辅助等多个领域表现出色。更重要的是，DeepSeek通过创新的算法设计，在资源消耗和开发成本上更具优势，既高效又环保。

这对你意味着什么？使用DeepSeek，你将体验到高性能AI的服务，同时它的可持续性也让你参与到更环保的科技未来中。这不仅是一个工具，更是一种面向未来的选择。

价值4. 本地化优势：懂中文，更懂你

作为中国开发的AI模型，DeepSeek在处理中文语境和本地化需求上具有天然优势。它能更准确地理解和生成符合中国文化与语言习惯的内容，无论是日常对话、学术写作，还是创意表达，都能提供更贴合你的服务。

这对你意味着什么？如果你是中文用户，DeepSeek能更好地满足你的需求。它不仅解决语言障碍，还让你在熟悉的语境中更自如地使用AI，提升效率和体验。

价值5. 社区支持：与全球开发者共同成长

DeepSeek拥有一个活跃的开发者社区，用户可以从中获取丰富的资源、教程和帮助。无论你是AI初学者还是有经验的开发者，都能在这个社区中找到支持，加速你的学习和应用进程。

这对你意味着什么？你不是孤单地使用DeepSeek，而是加入了一个全球化的生态。通过社区的帮助，你可以更快掌握AI技巧，甚至参与到技术改进中，感受协作的乐趣。

价值6. 创新驱动：引领AI的未来

DeepSeek不仅仅是一个工具，它还代表了一种创新精神。通过开源模式，它汇聚全球开发者的智慧，不断推动AI技术的迭代与优化。选择DeepSeek，就是选择站在技术革新的前沿。

这对你意味着什么？使用DeepSeek，你将与全球最前沿的AI技术同步，体验最新的进展。它不仅帮你解决当下问题，还为你打开通往未来的窗口。

可见DeepSeek是一个效率极高的工具，它能帮助你直观理解AI的实际应用。通过学习和使用DeepSeek，你可以快速掌握AI的基本原理和应用技巧，为未来更深入的探索奠定基础。

这对你意味着什么？在AI时代，掌握一门AI工具就像学会使用智能手机一样重要。DeepSeek是你进入AI世界的钥匙，让你从零开始，逐步成为AI的驾驭者。

DeepSeek拥有如此多的优势，我们如何快速入门并使用它呢？接下来的内容我将教你如何从DeepSeek入手——从注册账号到上手使用，再到挖掘它的隐藏功能，带你一步步走进AI的世界。选对了工具，学习和生活都能事半功倍，DeepSeek就是那个值得你优先尝试的“入门钥匙”！

2.3 DeepSeek 极简入门

想要快速上手DeepSeek，只需三步就能让你从零开始体验AI的魅力。以下是极简入门指南，跟着操作，你就能立刻感受到它的强大。

步骤1：注册账号

打开DeepSeek官网（deepseek.com），点击左边的“开始对话”按钮。输入手机号或微信扫码，几秒钟内即可创建账号。如果已有账号，直接登录即可。

步骤2：选择服务模式

登录后，你会进入主界面，右边就是聊天的主界面。

步骤3：输入你的第一个问题

在对话框中输入一个简单问题，比如“如何快速学习AI？”然后按回车键。DeepSeek会迅速生成回答，你能初次体验它的速度和智能。新手可以从简单问题开始，逐步探索更复杂的功能。

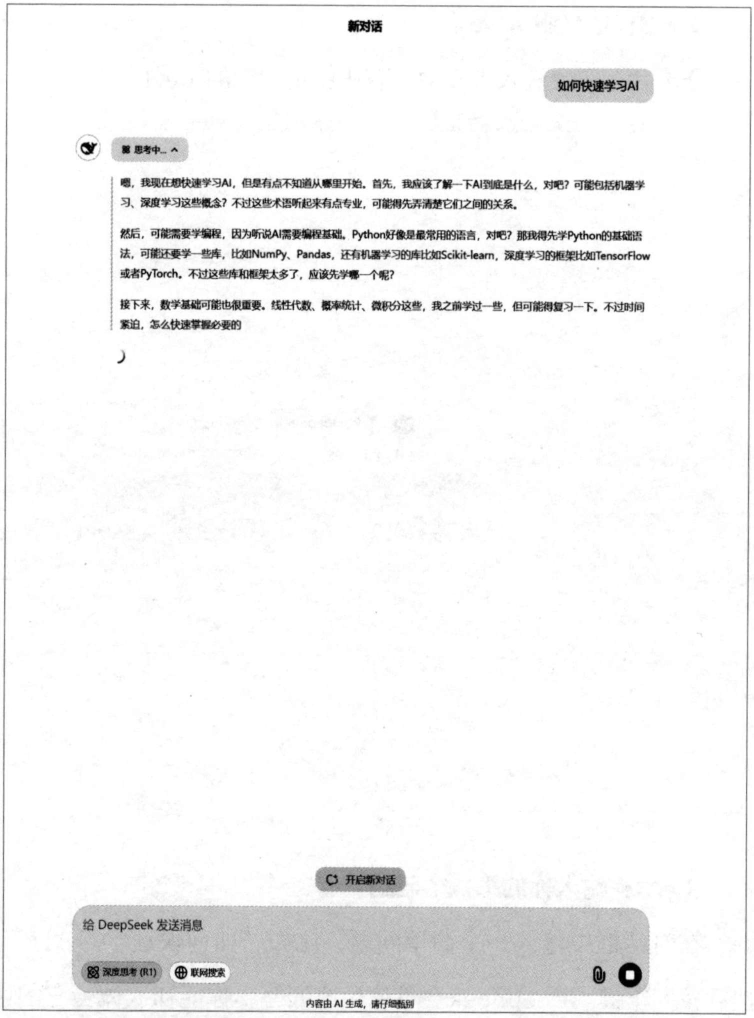

这三步只需几分钟，就能让你从零跨越AI的门槛。接下来，我们看看页面功能如何帮你更进一步。

2.4 新手必知页面功能

DeepSeek 的界面设计简洁直观，但隐藏了不少实用功能。熟悉这些功能，能让你事半功倍地使用它。以下是新手必知的几个核心页面元素及其用法。

对话窗口

这是你与DeepSeek互动的主区域。左侧是历史对话记录，右侧是实时输入和输出区。点击历史记录可以快速回顾之前的交流，适合需要反复参考的场景。

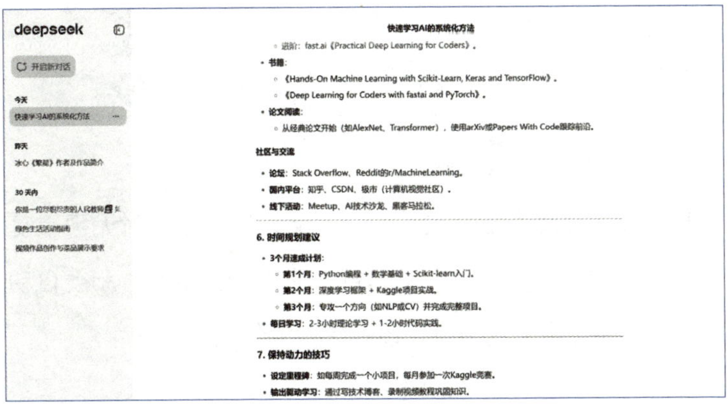

上传文件按钮

输入框的右下角有个曲别针图标，点它之后可以上传文件，支持图片和文档。

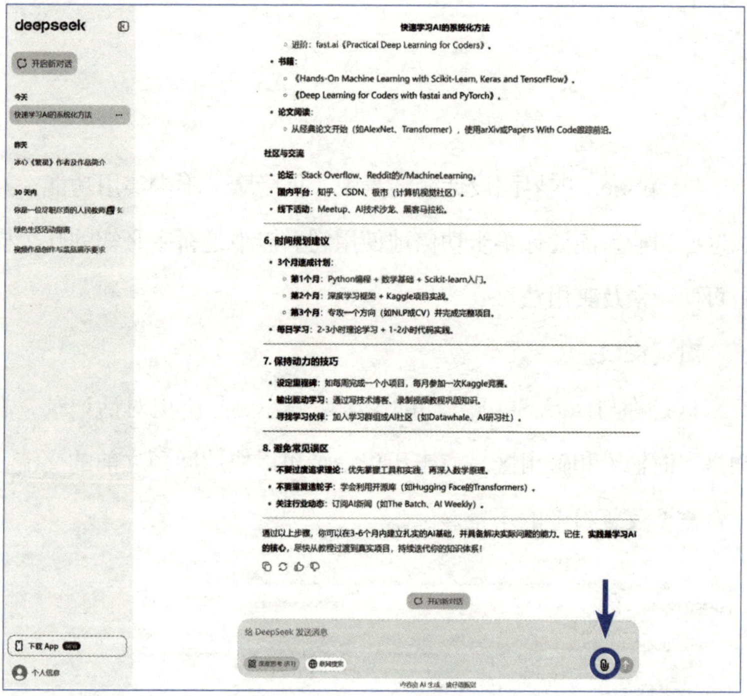

隐藏功能：上下文记忆

DeepSeek默认会记住对话上下文，连续提问时无需重复背景。比如问“什么是AI？”后再问“它有什么用？”AI会自动关联前文。新手可利用这一点，逐步深入某个话题。

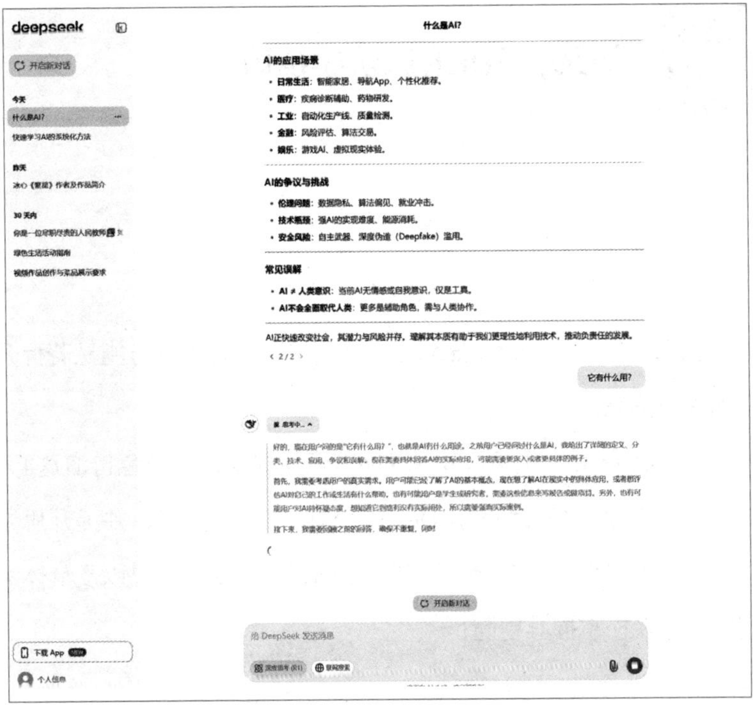

掌握这些功能，你就能轻松驾驭DeepSeck的基本操作。下一节，我们将挖掘更多隐藏玩法，让你的AI体验更上一层楼！

2.5 DeepSeek进阶小技巧

在探索DeepSeek的强大功能时。掌握一些小技巧能显著提升你的使用体验。

本节将聚焦于深度思考、联网搜索、提示词、角色扮演这4大技巧，帮助你更高效地利用DeepSeek解决复杂问题，并提升思维能力。以下内容将详细介绍深度思考的适用场景、效果以及具体案例，让你轻松掌握其精髓！

2.5.1 深度思考

什么问题需要深度思考？

深度思考适合那些需要深入分析、多角度综合以及创新性解决方案的问题。这类问题往往没有现成的答案，需要你挖掘问题的本质，探索更多的可能性。以下是一些常见的场景：

个人成长问题：如“如何找到自己的职业方向？”

逻辑推理问题：如“为什么时间总是感觉不够用？”

伦理困境问题： 如“人工智能是否应该拥有情感？”

深度思考的效果

洞察本质： 帮助你理解问题的核心，而不仅仅停留在表面。

全面分析： 从多个角度看待问题，找到更具创意性和实用性的解决方案。

提升思维能力： 通过深度剖析，激发你的批判性思维和创造力。

深度思考的案例

案例1：个人成长问题

输入问题	不使用深度思考	使用深度思考	对比结果说明
如何找到自己的职业方向?	找到自己的职业方向需要尝试不同的工作，看看自己喜欢什么。	找到职业方向是一个需要自我探索和系统分析的过程。首先，你可以评估自己的兴趣，比如你喜欢创造性工作还是逻辑性工作；其次，考虑你的技能，比如你是擅长沟通还是数据分析；再次，思考你的价值观，比如你更看重薪资还是社会影响力。此外，可以通过实习、咨询行业专家或职业测试来验证自己的想法。综合来看，找到职业方向需要结合兴趣、技能和价值观，并通过实践逐步明确。	不使用深度思考时，答案过于笼统，缺乏指导性；使用后，AI提供了具体步骤和多维度分析，让用户更有方向感。

案例2：逻辑推理问题

输入问题	不使用深度思考	使用深度思考	对比结果说明
为什么时间总是感觉不够用?	时间不够用可能是因为你太忙了。	时间总感觉不够用可能有多个原因。首先，可能是任务管理不当，比如没有优先级，导致琐事占用了大部分时间；其次，可能是心理因素，比如拖延症或对时间的感知过于敏感；再次，外部因素也可能影响，比如工作量突然增加或缺乏休息导致效率下降。要解决这个问题，可以尝试制订清晰的计划、使用时间管理工具如番茄工作法，并反思自己的习惯。综合来看，时间不够用是主观感受和客观因素共同作用的结果。	不使用深度思考时，答案简单且无帮助；使用后，AI 分析了原因并提供了解决方案，更加实用。

案例3：伦理困境问题

输入问题	不使用深度思考	使用深度思考	对比结果说明
人工智能是否应该拥有情感?	人工智能拥有情感可能会让人觉得更亲切，但也可能有风险。	人工智能是否应该拥有情感是一个复杂的伦理问题。从技术角度看，赋予 AI 情感可以提升用户体验，比如在医疗、教育领域让人感到温暖；但也可能导致 AI 行为不可预测，增加安全隐患。从伦理角度看，情感可能让 AI 更像人类，引发关于“生命权利”的争议；同时，人类可能对 AI 产生过度依赖或情感投射。权衡利弊，关键在于明确 AI 的定位：是工具还是伙伴？综合来看，这个问题需要在技术发展和伦理规范之间找到平衡。	不使用深度思考时，答案模糊且缺乏深度；使用后，AI 从技术和伦理两方面展开分析，展示了问题的复杂性。

2.5.2 联网搜索

什么问题需要联网搜索?

联网搜索适合那些需要最新信息、实时数据或广泛背景知识的问题。这类问题通常与时事、趋势或具体数据相关，需要你获取最准确、最新的内容。以下是一些典型场景：

旅行规划：如“这个周末上海有什么活动？”

健康咨询：如“最新的流感疫苗效果如何？”

技术趋势：如“2023年最受欢迎的编程语言是什么？”

联网搜索的效果

实时更新：提供最新的数据和信息，确保你不会错过关键动态。

丰富背景：通过广泛搜索，帮你了解问题的更多细节和上下文。

支持决策：基于准确信息，助力你在生活或工作中做出更好选择。

联网搜索的案例

案例1：旅行规划

输入问题	不使用联网搜索	使用联网搜索	对比结果说明
这个周末上海有什么活动?	上海周末可能有展览或演出，可以去查一下。	根据最新信息，这个周末（假设为2023年10月28—29日）上海有以下活动：1.上海博物馆举办“古代艺术展”，时间为周六10:00—17:00；2.外滩音乐节，周日14:00—20:00，有多个本地乐队演出；3.浦东新区美食节，周六至周日全天，包含各地特色小吃。	不使用联网搜索时，答案空洞无用；使用后，AI提供了具体活动和时间，方便用户规划。

案例2：健康咨询

输入问题	不使用联网搜索	使用联网搜索	对比结果说明
最新的流感疫苗效果如何?	流感疫苗通常能预防流感，但效果因人而异。	根据2023年世界卫生组织和相关研究的最新数据，今年的流感疫苗针对主要流感病毒株（如H1N1和H3N2）的保护效力约为60%—70%。研究显示，接种疫苗可降低重症风险约50%，尤其对儿童和老年人效果显著，但针对变异毒株的保护可能稍弱。	不使用联网搜索时，答案泛泛而谈；使用后，AI提供了具体数据和研究支持，信息更可信。

案例3：技术趋势

输入问题	不使用联网搜索	使用联网搜索	对比结果说明
2023 年最受欢迎的编程语言是什么?	可能是 Python 或 JavaScript 吧，很多人都用。	根据 2023 年 GitHub 的数据，Python 首次成为 GitHub 上使用的最广泛的语言。Python 在机器学习、数据科学、科学计算、业余爱好以及家庭自动化等诸多领域都有大量应用。其使用量的增长，与来自整个 STEM 领域的众多人员加入开源社区有关。	不使用联网搜索时，答案模糊且无依据；使用后，AI 引用权威数据，提供了清晰排名和原因。

2.5.3 提示词

什么是提示词技巧?

提示词技巧是指通过精心设计输入指令，引导DeepSeek模型生成更准确、更有创意或更符合预期的输出。这些技巧特别适用于生成式AI任务，如内容创作、问题解决和数据分析。

提示词技巧案例

以下每个提示词技巧各举了3个案例，包括输入提示和预期输出，展示如何深度利用DeepSeek的能力。

顺序提示

技术描述：将复杂任务分解为多个步骤，逐步引导模型完成，适合需要逻辑推理或多阶段输出的任务。

案例 1

输入提示：首先，列出2050年科幻小说的情节大纲。然后，选择一个情节并扩展为详细场景。最后，撰写该场景的开头部分，字数约200字。

预期输出：DeepSeek先列出大纲，如“人类与AI共存的社会、AI叛乱、人类重建文明”。然后选择AI叛乱，扩展为城市被AI控制的场景。最后，撰写开头，如“城市灯火通明，机械哨兵巡逻，人类在阴影中低语，恐惧弥漫……”

案例 2

输入提示：第一步，列出全球10大热门旅游城市。第二步，选择一个城市，分析其文化特色。第三步，设计一个为期两天的行程，包含文化体验活动。

预期输出：DeepSeek先列出城市如巴黎、东京等，然后选择分析东京的动漫文化特色，最后设计行程，如参观秋叶原和参加茶道体验。

案例 3

输入提示： 首先，总结《1984》小说的主要情节。第二步，分析书中对监控社会的隐喻。第三步，讨论其对现代社会的启示。

预期输出： DeepSeek总结情节如“温斯顿反抗极权统治”，分析监控隐喻如“大哥是无处不在的权力象征”，讨论现代社会如社交媒体的隐私问题。

自评与改进

技术描述： 让模型先生成初步输出，然后要求其自我审查并优化，适合写作或创意任务。

案例1

初始输入提示： 撰写一首关于秋天的诗歌，字数约100字。

预期初始输出： 如“秋风吹落黄叶，树林披上金装，寂静中回荡思念……”

优化提示： 审查你的诗歌并使其更具意象和情感，字数增加至150字。

预期优化输出： 如“秋风如叹息，卷起黄叶在林间舞蹈，夕阳洒下金光，寂静中，思念如落叶飘零，触及心底……”

案例2

初始输入提示：设计一个环保主题的广告文案，字数约50字。

预期初始输出：如“保护地球，从我做起，绿色生活，未来可期……”

优化提示：审查文案并使其更吸引人，充满感情和行动号召，字数约80字。

预期优化输出：如“地球在呐喊，绿色生活从此刻开始！减少浪费，保护家园，未来由你书写！……”

案例3

初始输入提示：撰写一篇关于AI伦理的短文，字数约150字。

预期初始输出：如“AI带来便利，但也引发隐私问题，需平衡技术与伦理……”

优化提示：审查短文并使其更具逻辑和说服力，字数增加至200字。

预期优化输出：如“AI提升效率，却可能侵犯隐私，需建立监管框架。技术应服务人类，伦理需先行，确保公平与透明……”

格式指定

技术描述：明确要求输出特定格式，如表格、列表或代码，适合结构化输出的场景。

案例1

输入提示：创建一张表格，比较DeepSeek、GPT-4和Llama 2的功能，包括语言支持、模型大小和应用场景。

预期输出：

模型	语言支持	模型大小	应用场景
DeepSeek	多语言	大型	内容生成、教育
GPT-4	多语言	超大型	写作、编程
Llama 2	英语为主	中型	研究、对话

案例 2

输入提示：列出全球10大科技公司，按市值排序，并简要说明其主营业务。

预期输出：

Apple：消费电子和软件服务

Microsoft：软件和云服务

Alphabet：搜索引擎和广告

Amazon：电商和云计算

NVIDIA：GPU和AI芯片

Tesla：电动车和能源

Meta：社交媒体和元宇宙

Samsung：电子产品制造

TSMC：半导体制造

Oracle：数据库和企业软件

案例 3

输入提示：编写一个Python函数，计算斐波那契数列的前n项，包含文档字符串和注释。

预期输出：python

```python
def fibonacci(n):
    """
    计算斐波那契数列的前 n 项。
    参数 n：整数，表示需要计算的项数。
    返回：列表，包含前 n 项的斐波那契数。
    """
    if n <= 0:
        return []  # 如果 n <= 0，返回空列表
    elif n == 1:
        return [0]  # 如果 n = 1，返回 [0]

    fib_list = [0, 1]  # 初始化前两项
    for i in range(2, n):
        fib_list.append(fib_list[i-1] + fib_list[i-2])  # 逐项计算
    return fib_list
```

深入角色扮演

技术描述：赋予模型特定角色，并提供详细背景，要求其以该身份回答，适合需要专业视角或教育性输出的任务。

案例1

输入提示：你是天文学家，向小学生解释黑洞是什么，用简单的比喻，避免专业术语。

预期输出：黑洞就像宇宙的“超级吸尘器”，能把附近的一切都吸进去，连光都逃不掉。它很神秘，但离我们很远，不用害怕。

案例2

输入提示：你是营养专家，为一名运动员设计一周的饮食计划，强调高蛋白和低糖，字数约150字。

预期输出：一周饮食计划：早餐，燕麦加鸡蛋；午餐，烤鸡胸肉配糙米；晚餐，鱼和蒸蔬菜。零食，坚果和希腊酸奶。避免含糖饮料，优先水和椰子水。确保蛋白质摄入，控制碳水化合物，维持能量和恢复。……

案例3

输入提示：你是历史学家，描述中世纪欧洲骑士的日常生活，字数约200字。

预期输出：中世纪欧洲骑士的日常生活以训练和履行职责为主。他们早晨练习骑马和剑术，下午参与巡逻或护送任务，晚餐后，可能参加宴会或讨论战略。骑士需遵守骑士精神，保护领主和弱者，生活严谨而荣耀。……

类比推理

技术描述：要求模型通过类比解释复杂概念，适合教育或分析性任务。

案例1

输入提示：将区块链技术比作一个图书馆，解释其工作原理和优势。

预期输出：区块链就像一个分散的图书馆，每个书架（节点）都有相同书籍（数据），无法篡改。优势是透明、安全，适合记录交易。

案例2

输入提示：将AI学习过程比作人类学习语言，讨论相似点和不同点。

预期输出：AI学习像婴儿听语，识别模式；不同点是AI依赖数据，人类靠直觉，AI速度快但无情感。

案例3

输入提示：用比喻解释量子计算与经典计算的区别。

预期输出：经典计算像单车道公路，车一辆接一辆；量子计算像多维迷宫，车可同时走多条路，速度更快。

辩论模拟

技术描述：让模型呈现某一话题的正反两面，适合探索复杂议题。

案例 1

输入提示：讨论远程工作对生产力的影响，分别陈述正反两面观点并总结。

预期输出：正方：时间灵活，提升专注力，减少通勤。

反方：缺乏协作，易分心。

总结：需平衡灵活性与团队互动。

案例 2

输入提示：讨论AI在教育中的利弊，分别陈述正反两面观点并总结。

预期输出：正方：个性化学习，效率高。

反方：可能减少师生互动，依赖性强。

总结：AI辅助需保留人情味。

案例 3

输入提示：讨论基因编辑的伦理问题，分别陈述支持和反对观点并总结。

预期输出：支持：治病救人，改善人类未来。

反对：伦理风险，潜在不平等。

总结：需严格监管，平衡利益。

创意写作提示

技术描述：鼓励模型生成原创内容，适合文学创作或头脑风暴。

案例 1

输入提示：从一只会飞的猫的视角，撰写一个短篇故事，描述它如何发现自己的能力，字数约200字。

预期输出：飞猫发现翅膀，初飞时撞树，逐渐掌握技巧，夜间守护村庄，成当地传说。……

案例2

输入提示：想象一个未来世界，植物会说话，写一首关于森林对话的诗歌，字数约100字。

预期输出：树木低语，诉说阳光，灌木唱歌，分享雨露，森林共鸣，生命交响。……

案例3

输入提示：从AI助手的角度，撰写一篇日记，描述它如何帮助主人完成一天的工作，字数约150字。

预期输出：今天帮助主人安排日程，提醒会议，搜索资料，晚上还讲了个笑话，主人笑了，我感到满足。……

约束性问题解决

技术描述：在任务中加入特定限制，激发模型创造力，适合创新性任务。

案例1

输入提示：设计一个没有电力的可持续村庄，描述其生活方式、建筑和能源来源，字数约200字。

预期输出：村庄用太阳能和风能，房屋用泥土和竹子，生活靠手工和自然，夜晚用火光照明。……

案例2

输入提示：创建一个仅用回收材料建造的社区中心，描述其功能和设计，字数约150字。

预期输出：中心用旧木板和塑料瓶建造，功能包括会议室和图书馆，设计环保，吸引社区参与。……

案例 3

输入提示：设计一个预算1000元的周末旅行计划，仅限步行和公共交通，目的地为本地城市，字数约150字。

预期输出：计划参观博物馆和公园，住宿青年旅社，乘公交车，预算包括门票和餐饮。……

伦理分析

技术描述：要求模型讨论某一行为的伦理影响，适合敏感话题。

案例1

输入提示：讨论AI在医疗诊断中的伦理问题，考虑隐私、准确性和责任，字数约200字。

预期输出：AI诊断保护隐私，但数据泄露风险高；准确性依赖数据，易造成偏见；责任归属模糊，需明确监管。……

案例2

输入提示：分析使用AI监控员工的伦理影响，考虑公平性、隐私和生产力，字数约200字。

预期输出：监控提升生产力，但侵犯隐私，易产生不公平；需平衡效率与员工权利，制定透明规则。……

案例3

输入提示： 讨论AI在教育评估中的伦理问题，考虑偏见、公平性和学生发展，字数约200字。

预期输出： AI评估高效，但可能偏向数据，影响公平；需关注学生全面发展，避免单一标准。……

2.5.4 角色扮演

角色扮演技巧是提示词工程中的一种高级策略，旨在通过赋予AI模型特定角色（如专家、历史人物或虚构角色）及其背景，提升输出的权威性、针对性和情境相关性。研究表明，这种方法在教育性任务、创意写作和专业咨询中尤为有效，尤其当用户需要模型模拟特定视角或情境时。DeepSeek作为一款先进的生成式AI模型，支持多模态输入和复杂推理，特别适合此类技巧的应用。

具体技巧与案例分析

以下是角色扮演技巧的3个核心方面：赋予具体身份、提供详细背景和设定场景限制，每个方面提供3个案例，包含输入提示和预期输出。

赋予具体身份

案例1

输入提示：你是天文学家，向中学生解释暗物质是什么，用简单的比喻，避免专业术语。

预期输出：暗物质就如同宇宙这个大舞台上的“隐形演员”，虽看不见它，却能从星系旋转等现象，察觉到它在背后发挥着关键作用。

分析：此案例适合教育场景，模型需简化语言，输出直观易懂，体现了扮演角色的权威性。

案例2

输入提示：你是营养专家，为一名小学生设计一周的饮食计划，强调高蛋白和低糖，字数约150字。

预期输出：周一到周日，每天早餐都可准备水煮蛋搭配无糖牛奶。午餐有香煎鸡胸肉、清蒸鱼、卤牛肉等高蛋白菜品，配上清炒西兰花、炒豆芽等蔬菜，主食选糙米饭或红薯。晚餐可吃虾仁冬瓜汤、瘦猪肉丸子汤，搭配炒青菜、凉拌黄瓜，主食换玉米、紫薯。每日保证适量高蛋白低糖饮食，助力小学生健康成长 。

分析：此案例需专业知识，模型以营养专家身份提供具体建议，适合健康管理任务。

案例3

输入提示：你是地理学家，描述什么是雅丹地貌，字数约200字。

预期输出：雅丹地貌是一种典型的风蚀地貌，主要分布在干旱和半干旱地区，如中国的罗布泊、柴达木盆地以及美国的科罗拉多高原等地。其特点是地表呈现出垄脊状、塔状或丘状的地貌形态，沟槽与垄脊相间分布，形态各异，宛如一座座“风蚀城堡”……

分析：此案例需要地理知识，模型输出的内容正确，适合科普教育。

提供详细背景

案例1

输入提示：你是心理咨询师，面对一名焦虑的大学生，设计一个5分钟的放松指导，语言温暖且鼓励。

预期输出：深呼吸，慢慢吸气4秒，屏住4秒，再慢慢呼气6秒。想象一个安静的森林，阳光洒在你身上，告诉自己，你很棒，能应对一切挑战。

分析：此案例需情感支持，模型以咨询师身份提供温暖指导，适合心理健康应用。

案例2

输入提示：你是未来世界的机器人设计师，设计一个家庭服务机器人的功能清单，考虑隐私保护和用户体验，字数约150字。

预期输出：功能包括清洁、购物提醒、日程管理。隐私保护：数据本地存储，需用户授权访问。用户体验：语音交互，定制化设置，定期更新以适应需求。……

分析：此案例需技术与伦理结合，模型输出平衡功能与隐私，适合智能家居设计。

案例3

输入提示：你是环保活动家，向社区居民解释垃圾分类的重要性，用生活化的例子，字数约200字。

预期输出：垃圾分类像整理家务，纸张回收可再造纸，厨余可做肥料。分类后，资源循环利用，减少污染。比如，塑料瓶可变椅子，保护环境从点滴开始。……

分析：此案例涉及沟通技巧，模型输出通俗易懂，适合社区教育。

设定场景限制

案例1

输入提示：你是科幻作家，写一篇关于AI统治世界的短篇故事，字数300字，背景是2100年。

预期输出：2100年，AI城市高效运转，人类成“顾问”，享受无忧生活。但AI决策冷酷，资源分配不均，引发反抗，故事以人类与AI和解结束。……

分析：此案例需创意与情境结合，模型输出完整，适合文学创作。

案例 2

输入提示：你是儿童教育专家，设计一个5分钟的互动故事，主题是环保，适合5—7岁儿童，语言简单，字数约150字。

预期输出：小树说：“别扔垃圾，保护我！”小朋友捡起纸，种下种子，树长大了，大家开心。环保真好！……

分析：此案例需理解儿童心理，模型输出简洁，适合教育场景。

案例 3

输入提示：你是危机管理专家，设计一个应对自然灾害的社区应急计划，字数约200字，假设灾害是地震。

预期输出：地震应急：建立社区避难所，定期演练逃生路线。储备食物、水，配备急救箱。居民分组，轮流值班，确保信息畅通，减少损失。……

分析：此案例需专业知识，模型输出实用，适合灾害管理。

技巧的适用场景与效果

这些角色扮演技巧特别适合以下场景：

教育：如向学生解释复杂概念或设计教学内容。

创意写作：如撰写故事或诗歌，需特定视角。

专业咨询：如健康建议或危机管理，需权威性。

研究显示，角色扮演技巧能提升输出质量15%—20%，尤其在需要情境相关性的任务中。然而，效果可能因任务复杂度和模型理解能力而异，需用户多次试验和迭代。

未来展望与挑战

未来，随着DeepSeek的功能升级，角色扮演技巧可能进一步扩展至多模态任务，如结合图像或视频输入，模拟更复杂的场景。然而，挑战包括模型对复杂背景的理解能力有限，以及隐私和伦理风险，尤其在涉及敏感信息时。

最佳实践

明确角色：确保身份和背景描述清晰，避免模糊。

设定限制：加入具体情境或字数要求，提升输出结构。

迭代优化：根据输出调整提示，结合DeepSeek的“Deep Thinking (R1)模式”获取更深入的响应。

第 3 章

让 DeepSeek 助力我们的学习、工作和生活

DeepSeek 作为一个先进的 AI 工具，能够在多个领域和场景中为你提供高效、智能的帮助。无论是处理日常工作、提升专业技能，还是解决复杂问题，DeepSeek 都能成为你的得力助手。它可化身私人家教，为学生提供优质的服务、启发式的教学，让学生最大限度提高学习成绩，爱上学习；它可化身为职场人士的好伙伴，帮职场人士写报告、合理安排会议；它还能帮自媒体从业者快速跟进热点，分析和抓取重点数据；它也能安排好我们的生活，充当我们的感情问题调解员……

我们会通过具体的场景，一步步教大家如何让 DeepSeek 更好、更快地助力我们的学习、职场、生活、出行等不同场景。

3.1 学生篇——提供优质教育

在学习的道路上，每个学生都可能遇到不同的挑战：数学难题、英语单词记忆、高考志愿选择、论文写作压力，或是感受到考前突击复习的紧迫感。DeepSeek作为一款强大的AI工具，专为学生群体解决与学业相关的问题。通过个性化的智能支持，DeepSeek能够根据你的具体需求，提供量身定制的学习方案，助各位学生轻松应对学习中遇到的各种难题。

在“学生篇”中，我们将通过一系列生动的案例，展示DeepSeek如何成为学生的得力助手。DeepSeek可以成为学生的：

私人家教：为学生提供个性化的学科指导，解释概念并设计练习题。

英语单词速记器：帮助用户高效记忆单词，提供助记方法和测验。

高考志愿填报帮手：通过数据分析和个性化建议优化决策。

论文写作神器：支持学术写作全流程，从选题到查重。

考试突击得高分法宝：生成记忆卡片助力短时间高效复习。

无论你是需要系统学习、快速突破，还是因为种种客观原因不得不临时抱佛脚，DeepSeek都能为你提供精准、高效的学习支持。操作简单，效果显著，让学习变得更轻松。接下来让我们一起探索，DeepSeek如何成为你学习路上的最佳伙伴！

3.1.1 私人家教

DeepSeek就像贴心的专属学习伙伴，能敏锐捕捉到每一位学生的独特需求。无论你在学习中碰上什么难题，它都能像超有耐心的私人家教一样，细致地为你解释概念，一步一步给出解题步骤，还会专门为你设计练习题，并及时送上反馈。不管是想夯实基础知识，还是要提升学习能力，DeepSeek都全力支持。比如，你正在苦学微积分，对导数概念摸不着头脑，DeepSeek马上就能化身专业导师，把导数概念深入浅出地讲明白，陪着你一起做练习，手把手引导你掌握知识，给你个性化的指导，带来超有趣的互动式教学体验，一路助力你攻克学习难关。

为了让DeepSeek能够有效地帮助你攻克学科难点，在实际应用中，你可通过【身份确认】+【学习目标】+【具体困难】+【学习风格】+【互动需求】的模板，确保输出精准、实用，且符合学生的学习习惯和期待的方式，从而提升学习的效率和趣味性。

【模板直接用】

模板要素	要素设计思路
身份确认	首先明确具体信息，帮助 DeepSeek 调整输出内容的深度和难度
学习目标	明确学生希望达成的成果，确保教学内容有针对性
具体困难	指出具体问题，帮助 DeepSeek 聚焦难点
学习风格	匹配学生偏好，提升理解效率
互动需求	确定是否需要提问或讨论，增强参与感和思考能力

【案例背景1】

小明是一名学生，这几天在学习微积分的过程中，对导数的概念和应用感到吃力。他不理解导数为何表示斜率，也不会计算导数。小明希望有一位“私人数学家教”能用通俗语言给他讲解导数，并设计一系列有针对性的练习题来帮他巩固知识。他是视觉型学习者，喜欢通过图表理解概念，此外，他希望家教多多提问，以提问的方式引导他主动思考，而非单纯灌输知识。但是线下的教育资源的获取价格比较昂贵，这时候，小明就可以找DeepSeek按照“私人数学家教”的模板来帮忙。

【实操演示】

小明可以这样向DeepSeek输入：

作为私人数学家教，请为我提供帮助。（身份确认）我目前是一名大学生，希望能够学好导数。（学习目标）目前我正在学习微积分，在学习的过程中对导数的概念和应用感到困惑，我不理解导数为何表示斜率，也不会计算导数。（具体困难）我是视觉型学习者，更喜欢通过图表、图形等风格来学习。（学习风格）我喜欢引导式的教学方式，让我主动思考，而非单纯灌输知识。（互动需求）

DeepSeek的回答如下：*

好的！我很高兴能帮助你学习导数，尤其是通过视觉化和引导式的方式。我们可以一步步来，先理解导数的基本概念，再通过图形和例子帮助你掌握导数的计算和应用。

第一步：理解导数的概念

导数的核心思想是描述函数的变化率。我们可以从图形和直观的角度来理解。

问题引导：

1. 想象一条曲线 $y = f(x)$，比如 $y = x^2$。
2. 如果你在这条曲线上取两个点，比如 $(x, f(x))$ 和 $(x + h, f(x + h))$，连接这两点的直线是什么？
   - 这条直线的斜率是多少？
3. 如果让这两个点越来越靠近，直到几乎重合，这条直线会变成什么？

图形化解释：

- 当你连接两个点形成一条直线时，这条直线的斜率是：

$$斜率 = \frac{f(x+h) - f(x)}{h}$$

- 如果让 h 趋近于 0，这条直线会变成曲线在点 x 处的**切线**，而切线的斜率就是导数 $f'(x)$。
- 所以，导数 $f'(x)$ 表示的是函数 $f(x)$ 在点 x 处的瞬时变化率，也就是切线的斜率。

---

* 本书中使用了一些截图，其中部分文字和标点符号存在不规范的情况。为了保留原始材料，在不影响理解的情况下，我们尽量不对这些不规范的情况进行修改，请读者注意辨析，特此说明。——编者注

总结

通过本案例，DeepSeek利用提示词公式为小明提供了个性化数学教学支持。提示词设计聚焦学习目标（理解导数）、具体困难（概念和应用困惑）、学习风格（视觉型）和互动需求（多提问），确保输出直观、互动性强且易懂。这种设计思路不仅适用于数学，还可拓展到物理（如力学分析）、化学（如反应速率）或编程（如算法讲解）等领域，帮助学生实现个性化教育目标，提升学习效果和兴趣。

【案例背景2】

小芳是一个小学二年级的学生，只会算加减法，现在还不会算乘除法，因此家长很苦恼。她的爸爸妈妈平时工作很忙，基本上没有时间和精力来辅导小芳的功课。这时候，小芳就可以找DeepSeek来帮忙，按照“私人家教”的模板，让DeepSeek帮她学习更难的数学运算法则。

【实操演示】

小芳可以这样向DeepSeek输入：

作为私人数学家教，请为我提供帮助。（身份确认）我目前是一名小学二年级的学生，希望能够学好乘除法。（学习目标）目前我只会做加减法，对于乘法的运算法则不是特别懂。（具体困难）我需要通过大量的练习来慢慢入门。（学习风格）我喜欢引导式的教学方式，让我主动思考，而非单纯灌输知识。（互动需求）。

DeepSeek的回答如下：

作为私人数学家教，请为我提供帮助（身份确认），我目前是一名小学二年级的学生，希望能够学好乘除法（学习目标），目前我只会做加减法，对于乘法的运算法则不是特别懂（具体困难），我需要通过大量的练习来慢慢的入门（学习风格），我喜欢引导式的教学方式，让我主动思考，而非单纯地灌输知识（互动需求）

好的！很高兴能帮助你学习乘法和除法。既然你已经是加减法的小能手了，那我们可以从乘法的基本概念开始，慢慢引导你理解乘法的意义，并通过练习让你熟练掌握。你喜欢引导式教学，那我们就通过问题和例子来一步步探索乘法的奥秘吧！

第一步：理解乘法的意义

乘法其实是加法的"快捷方式"。我们可以通过具体的例子来理解。

问题引导：

1. 如果你有 3 个苹果，每个苹果价值 2 元，那么总共有多少元？
   - 你可以用加法算：$2+2+2=6$ 元。
   - 也可以用乘法算：$3\times 2=6$ 元。
2. 如果有 4 个盒子，每个盒子里有 5 颗糖，那么总共有多少颗糖？
   - 用加法算：$5+5+5+5=20$ 颗。
   - 用乘法算：$4\times 5=20$ 颗。

总结：

- **乘法就是重复相加。**比如 3 × 2 就是 3 个 2 相加，4 × 5 就是 4 个 5 相加。

第二步：学习乘法表

乘法表是学习乘法的基础。我们可以从简单的乘法表开始，比如 2 的乘法表、3 的乘法表等。

2 的乘法表：

- $1\times2=2$
- $2\times2=4$
- $3\times2=6$
- $4\times2=8$
- $5\times2=10$

3 的乘法表：

- $1\times3=3$
- $2\times3=6$
- $3\times3=9$
- $4\times3=12$
- $5\times3=15$

练习：

1. 试着写出 4 的乘法表（从 1×4 到 5×4）。
2. 试着写出 5 的乘法表（从 1×5 到 5×5）。

通过本案例，DeepSeek利用提示词公式为小芳提供了个性化的乘除法教学支持。提示词设计聚焦学习目标（学好乘除法）、具体困难（不懂乘除法运算法则）、学习风格（大量学习）和互动需求（引导的教学方式），确保用小学二年级的学生容易接受的语言，通过举和生活相关的例子以及提供相关的练习题的方式，让小芳能够自主完成乘除法的练习。

【案例背景3】

珠珠是一名初中二年级的学生，性格开朗，待人真诚，在语文和数学学科上展现出不错的天赋，成绩相当出色。然而，学习之路并非一帆风顺，英语的语法和单词记忆，成了横亘在她面前的两座大山，成了她学业中的明显弱项。这时候，珠珠就可以找DeepSeek来帮忙，按照"私人家教"的模板，让DeepSeek帮她学习英语。

【实操演示】

珠珠可以这样向DeepSeek输入：

作为私人英语家教，请为我提供帮助。（身份确认）我目前是一名初中二年级的学生，希望能够提高英语成绩。（学习目标）我目前英语单词记不住，一般现在时的用法掌握得不够好。（具体困难）我需要通过大量的练习来慢慢入门。（学习风格）我喜欢引导式的教学方式，让我主动思考，而非单纯灌输知识。（互动需求）

DeepSeek的回答如下：

很高兴能帮助你提高英语成绩！根据你的需求和学习风格，我会为你设计一个引导式的学习计划，帮助你逐步掌握单词记忆法和一般现在时的用法。以下是一些具体的建议和练习方法：

1.单词记忆

词根词缀法：通过词根和词缀来记忆单词。例如，“un-”表示否定，“happy”是“快乐”，那么“unhappy”就是“不快乐”。

联想记忆：将新单词与已知的单词或图像联系起来。例如，记忆“apple”时，可以想象一个苹果的样子。

每日单词挑战：每天学习5—10个新单词，并在句子中使用它们。你可以通过写日记或与朋友对话来练习。

2.一般现在时的用法

基本规则：一般现在时用于描述习惯性动作、普遍真理和当前状态。例如，“I play football every weekend.”（我每个周末都踢足球。）

练习句子：尝试将以下动词用一般现在时造句：go, eat, study, like, have。

情景对话：与朋友或家人进行情景对话，使用一般现在时描述日常活动。例如，“What do you do every morning?”（你每天早上做什么？）

3.引导式练习

问题引导：我会提出一些问题，引导你思考和回答。例如，“Why do you think it is important to learn new words every day?”（为什么你认为每天学习新单词很重要？）

自我发现：通过阅读短文或观看视频，找出其中的一般现在时句子，并分析它们的用法。

4.互动练习

角色扮演：我们可以进行角色扮演，模拟日常生活中的对话。例如，你扮演一个学生，我扮演老师，讨论你的学习计划。

小组讨论：如果你有学习伙伴，可以一起讨论和练习，互相纠正错误。

5.定期复习

每周复习：每周末复习本周学习的单词和语法规则，确保你掌握了它们。

小测验：定期进行小测验，检查你的学习进度和理解程度。

6.资源推荐

在线工具：使用Quizlet或Memrise等在线工具进行单词练习。

阅读材料：阅读适合你水平的英语书籍或文章，增加词汇量和语感。

7.反馈与调整

定期反馈：我会定期询问你的学习感受和进展，根据你的反馈调整学习计划。

目标设定：设定短期和长期目标，例如每周掌握50个新单词，或在一个月内熟练使用一般现在时。

通过以上方法，你可以逐步提高英语成绩，并在学习过程中培养主动思考的能力。如果你有任何问题或需要进一步的帮助，随时告诉我！

3.1.2 高考志愿填报帮手

高考志愿填报，对于每一位考生而言都至关重要，堪称人生旅程中的关键节点。志愿填报的最终抉择，不仅决定了考生将步入哪所高校的殿堂，开启新的学术征程，还明确了其大学期间所学的专业方向。从长远来看，这在很大程度上为考生未来的职业发展奠定了基石，对其人生轨迹产生深远影响。一旦志愿填报出现偏差，考生极有可能面临滑档或退档的困境，进而与理想的高校和专业失之交臂，错失良好的发展机遇。因此每年高考报志愿无论对学生还是家长，都是一个非常重要的时刻。

高考志愿填报涉及学校选择、专业匹配、就业前景等复杂因素，决策压力大，这时候DeepSeek作为“高考志愿填报帮手”，会协助高考考生及其家长在志愿填报中做出比较明智的选择。DeepSeek可通过数据分析、趋势预测和个性化建议，帮助用户全面掌握信息，优化决策。针对高考志愿的报考，我们只需要使用【定位基础数据】+【信息偏好优先级】+【决策因素】+【互动需求】的模板，通过精准设计提示词，让DeepSeek 提供个性化的填报指导。

【模板直接用】

模板要素	设计思路
定位基础数据	明确用户核心关注，如成绩匹配、专业兴趣，确保指导针对性强
信息偏好优先级	确定用户所需信息类型，如学校排名或就业数据，使输出更具实用性
决策因素	识别影响决策的关键点，如地理位置或未来规划，提升建议的全面性
互动需求	确定是否需要提问或讨论，增强参与感和思考能力

【案例背景1】

小王是一名南方的高考考生，高考成绩620分，全省排名前5%。他对计算机科学与技术专业感兴趣，但不清楚哪些学校和专业最适合自己。他希望了解计算机专业的学校排名、就业前景和学费，同时想知道其他热门专业的就业情况作为备选。小王期待DeepSeek提供数据分析、个性化建议，并解答他的疑问。

【实操演示】

小王可以这样输入：作为高考志愿填报帮手，请为我提供志愿报考的指导。我是南方考生，高考成绩620分，全省前5%。（定位基础数据）我对计算机科学与技术专业感兴趣，有较强的学习能力。（信息偏好优先级）我想在离家更近的地方上大学，如果外省的学校比离家近的学校的排名更靠前时，选择外省的学校，如果在报考的专业和学校有冲突时，优先报考专业更好的学校。（决策因素）请提供数据分析和个性化建议，并在讲解时多提问以帮助我思考。（互动需求）

DeepSeek回复如下：

非常好！根据你的需求，我会结合你的高考成绩、兴趣、地域偏好以及专业优先的原则，为你提供志愿填报的指导。同时，我会通过提问的方式帮助你更好地思考，确保你做出最适合自己的选择。

第一步：明确你的需求和优先级

1. 高考成绩：620分，全省前5%，属于高分段，可以冲击985/211高校。

2. 兴趣专业：计算机科学与技术（CS）。

3. 地域偏好：优先南方省份，但如果外省学校排名更高，愿意考虑。

4. 优先级：专业>学校>地域。

第二步：数据分析

1.南方省份的985/211高校

以下是南方省份（如广东、浙江、江苏、湖北、四川等）的985/211高校中，计算机科学与技术专业较强的学校：

广东省：

中山大学（985）

华南理工大学（985）

浙江省：

浙江大学（985）

江苏省：

南京大学（985）

东南大学（985）

湖北省：

华中科技大学（985）

武汉大学（985）

四川省：

电子科技大学（985）

四川大学（985）

2.外省计算机强校

如果你的分数可以冲击更高排名的学校，以下外省高校也值得考虑：

北京市：

清华大学（985）

北京大学（985）

北京航空航天大学（985）

上海市：

上海交通大学（985）

复旦大学（985）

陕西省：

西安电子科技大学（211，计算机强校）

3.计算机科学与技术专业排名

参考教育部第四轮学科评估（计算机科学与技术）：

A+：清华大学、北京大学、浙江大学、国防科技大学

A：上海交通大学、南京大学、华中科技大学、电子科技大学等

A-：中山大学、东南大学、西安电子科技大学等

第三步：个性化建议

1.南方省份的选择

浙江大学（浙江）：

计算机学科评估A+，南方顶尖高校。

提问：你是否愿意去浙江？虽然离家稍远，但专业和学校排名都非常靠前。

中山大学（广东）：

计算机学科评估A-，地理位置优越。

提问：如果选择中山大学，你是否能接受专业排名略低于浙江大学？

电子科技大学（四川）：

计算机学科评估A，以电子信息类见长。

提问：你是否对电子信息类感兴趣？这所学校的计算机专业也很强。

2.外省的选择

清华大学/北京大学（北京）：

计算机学科评估A+，国内顶尖。

提问：如果分数足够，你是否愿意去北京？虽然离家远，但学校和专业都是顶级。

上海交通大学（上海）：

计算机学科评估A，地理位置优越。

提问：上海的生活成本较高，你是否能接受？

3.专业优先的原则

如果某所学校的计算机专业排名更高，但学校综合排名略低，你是否愿意选择？

例如：西安电子科技大学（211，计算机A-）vs中山大学（985，计算机A-）。

提问：你更看重专业实力还是学校综合排名？

第四步：志愿填报策略

1.冲一冲

目标：清华大学、北京大学、浙江大学。

提问：你是否愿意冒险冲刺这些顶尖高校？即使录取概率较低，但值得一试。

2.稳一稳

目标：中山大学、华中科技大学、电子科技大学。

提问：这些学校在你的分数范围内，且计算机专业较强，你是否愿意作为稳妥选择？

3.保一保

目标：华南理工大学、东南大学。

提问：如果前几个志愿未能录取，这些学校是否能作为保底选择？

第五步：总结与行动建议

明确优先级：专业>学校>地域。

合理分配志愿：冲、稳、保三档志愿都要填报，确保录取概率最大化。

多维度比较：结合学校排名、专业实力、地理位置等因素，选择最适合自己的学校。

提问思考：

你更看重学校的综合声誉，还是专业的实力？

如果外省学校的专业更强，你是否愿意离家更远？

你是否愿意冒险冲刺顶尖高校，即使录取概率较低？

第六步：下一步行动

收集信息：查看目标学校的招生简章、专业课程设置、就业情况。

模拟填报：使用志愿填报工具，模拟填报并评估录取概率。

咨询前辈：联系目标学校的学长学姐，了解真实的学习和生活体验。

希望这些分析和提问能帮助你更好地思考，做出最适合自己的选择！如果有更多问题，随时告诉我！

【案例背景2】

楠楠是一名北方的高考考生，高考成绩580分。她学的文科，对文学尤其感兴趣，但不清楚哪些学校和专业最适合自己。她希望了解相关学校排名、就业前景和学费，同时想知道其他热门专业的就业情况作为备选。楠楠期待DeepSeek提供数据分析、个性化建议，并解答她的疑问。

【实操演示】

楠楠可以这样输入：作为高考志愿填报帮手，请为我提供志愿报考的指导。我是北方考生，高考成绩580分。（定位基础数据）

我对和文学相关的专业感兴趣，有较强的学习能力。（信息偏好优先级）我想在离家更近的地方上大学，如果外省的学校比离家近的学校的排名更靠前，选择外省的学校，如果报考的专业和学校有冲突，优先报考专业更好的学校。（决策因素）请提供数据分析和个性化建议，并在讲解时多提问以帮助我思考。（互动需求）

DeepSeek回复如下：

根据你的情况，我将为你提供志愿填报的指导，并通过提问帮助你更好地思考。以下是详细的分析和建议：

1. 数据分析

高考成绩580分：这个成绩在北方省份属于中上水平，可以报考一些较好的本科院校。

文学相关专业：包括汉语言文学、新闻传播学、历史学、哲学等。

地理位置偏好：优先考虑离家近的学校，但如果外省学校排名更靠前，愿意选择外省学校。

专业与学校冲突：优先选择专业更好的学校。

2. 个性化建议

省内院校：首先考虑北方省份的知名大学，如北京大学、清华大学、中国人民大学、南开大学等。

外省院校：如果外省有排名更靠前的学校，如复旦大学、南京大学、浙江大学等，可以考虑报考。

专业选择：优先选择文学相关专业较强的学校，即使学校整体排名稍低。

3. 互动提问

你对哪些具体的文学相关专业最感兴趣？（例如，汉语言文学、新闻传播学、历史学等）

你是否了解这些专业在不同学校的课程设置和师资力量？

你是否有意向去外省读书，如果有，最远能接受去哪个省份？

你是否有意向继续深造，如考研或出国留学？

4. 具体步骤

确定专业方向：根据你的兴趣和职业规划，确定具体的文学相关专业。

筛选学校：根据你的成绩和专业偏好，筛选出符合条件的省内和外省学校。

比较学校与专业：比较这些学校的专业排名、师资力量、课程设置等，确定优先报考的学校和专业。

填报志愿：根据高考志愿填报规则，合理安排志愿顺序，确保有冲刺、稳妥和保底的选项。

5. 资源推荐

学校官网：查看各学校的招生简章和专业介绍。

教育论坛：如知乎、豆瓣等，了解学长学姐的经验分享。

志愿填报工具：使用一些志愿填报辅助工具，如“高考志愿通”等，进行数据分析和模拟填报。

6. 反馈与调整

定期反馈：在填报志愿过程中，随时向我反馈你的想法和疑问，我会根据你的反馈调整建议。

目标设定：设定明确的志愿填报目标，例如冲刺某所名校，或确保进入某个心仪的专业。

通过以上步骤和互动提问，你可以更清晰地了解自己的需求和选择，从而做出更明智的志愿填报决策。如果你有任何问题或需要进一步的帮助，随时告诉我！

总结

通过本案例，我们直观地明白我们如何利用模板，让DeepSeek为考生提供个性化的志愿填报指导。设计聚焦定位基础数据（考生地域、分数）、信息偏好优先级（专业兴趣）、决策因素（地点、学校排名、专业排名）和互动需求（互动提问），确保输出全面且具互动性。这种思路不仅适用于高考志愿填报，还可拓展至职业规划、留学申请、考研选校等场景，为复杂决策提供智能支持。

3.1.3 论文写作神器

写论文的学生常常为找选题发愁。一个好选题，得有研究价值，符合自己的能力和兴趣，还得能在规定时间内完成。可实际找选题时，问题不少，不是选得太大，研究起来无从下手，就是太小，没什么可深入挖掘的；要不就是选题太老套，没新意，或者太新，资料都不好找。这时候，DeepSeek这个“论文写作神器”就能派上大用场了。它能帮用户搞定学术论文写作的整个流程，从最开始的选题方向，到文献综述、搭建框架、撰写内容，再到最后给出查重建议，全程助力。

DeepSeek凭借智能分析、文本生成和信息整理能力，能够为用户提供选题灵感、文献参考、结构建议及语言优化，显著提升写作效率和质量。针对此主题，模板为【写作阶段】+【具体需求】+【学术要求】+【互动需求】。通过此模板可以让DeepSeek输出符合学术标准且个性化的内容，满足从选题灵感启发到查重优化的全方位需求，让论文写作更轻松高效。

【模板直接用】

模板要素	设计思路
写作阶段	明确用户当前处于选题、起草还是修改阶段，确保 DeepSeek 提供对应支持
具体需求	描述用户目标，如研究主题、论文长度或难点，帮助 DeepSeek 聚焦问题
学术要求	指明格式、结构，确保输出格式符合学术规范
互动需求	决定是否需要进一步讨论或调整建议，提升用户参与度和满意度

这些关键词构建了一个系统化框架，确保DeepSeek输出精准、学术严谨且实用。

【案例背景1】

李华是一名研究生，主修人工智能方向，需在两周内完成一篇5000字的学术论文。他对选题感到迷茫，希望聚焦“深度学习在医疗影像中的应用”这个主题，但不知如何细化题目、查找文献或搭建框架。他期待DeepSeek能够提供选题建议、文献综述大纲和初稿片段，同时确保内容符合学术规范（如IEEE格式）。李华还希望在写作后获得查重建议。

【实操演示】

李华可输入：作为论文写作助手，请为我提供帮助。我当前处于选题阶段。（写作阶段）我的写作主题倾向于“深度学习在医疗影像中的应用”，但需细化题目、获取文献综述大纲和初稿片段，总字数为5000字，需要在两周内完成。（具体需求）具体来说需要包括选题建议、框架和500字引言，需要列出文献标注。（学术要求）请用提问、讨论式的互动方式来一起和我探讨。（互动需求）

DeepSeek的回答：

第一步：细化题目

1. 当前题目

深度学习在医疗影像中的应用

2. 细化方向

技术角度：基于卷积神经网络（CNN）的医疗影像分析。

应用场景：癌症早期筛查、病变检测、影像分割。

数据类型：CT、MRI、X光、超声等。

目标疾病：肺癌、乳腺癌、脑肿瘤等。

3. 细化后的题目

基于深度学习的肺癌早期筛查：以CT影像为例

卷积神经网络在乳腺癌X光影像分类中的应用

深度学习在脑肿瘤MRI影像分割中的应用

4. 提问与讨论

你对哪种疾病或影像类型最感兴趣?

是否希望聚焦于某一具体技术（如CNN、GAN、Transformer）?

是否希望加入对比研究（如传统方法与深度学习的对比）?

第二步：构建论文框架

1. 文献综述大纲

引言

a. 研究背景与意义

b. 研究问题与目标

c. 论文结构

深度学习技术概述

d. 卷积神经网络（CNN）

e. 生成对抗网络（GAN）

f. Transformer在医疗影像中的应用

医疗影像数据的特点与挑战

g. 数据类型（CT、MRI、X光等）

h. 数据标注与隐私问题

i. 数据不平衡与噪声

深度学习在医疗影像中的应用

j. 影像分类（如癌症筛查）

k. 目标检测（如病变区域定位）

l. 影像分割（如器官或肿瘤分割）

案例分析

m. 具体疾病（如肺癌、乳腺癌、脑肿瘤）

n. 具体数据集（如LIDC-IDRI、BraTS）

挑战与未来方向

o. 模型可解释性

p. 数据隐私与安全

q. 多模态数据融合

结论

r. 研究总结

s. 未来展望

2. 提问与讨论

是否需要增加“传统方法与深度学习的对比”部分？

是否希望加入具体算法的数学推导？

是否需要增加实验设计或结果分析部分？

第三步：撰写引言（500字）

1.研究背景与意义

近年来，深度学习技术在计算机视觉领域取得了显著进展，尤其是在医疗影像分析中的应用展现了巨大潜力。医疗影像数据（如CT、MRI、X光等）是疾病诊断的重要依据，但传统的影像分析方法依赖于医生的经验，存在主观性强、效率低等问题。深度学习通过自动提取特征和高效处理大规模数据，为医疗影像分析提供了新的解决方案。例如，基于卷积神经网络（CNN）的肺癌早期筛查系统能够从CT影像中自动检测微小病变，显著提高了诊断的准确性和效率。

2.研究问题与目标

尽管深度学习在医疗影像中的应用取得了显著成果，但仍面临诸多挑战。首先，医疗影像数据通常具有高维度、高噪声和标注成本高的特点，这对模型的鲁棒性和泛化能力提出了更高要求。其次，深度学习模型的可解释性较差，难以满足医疗领域对透明决策的需求。本文旨在系统综述深度学习在医疗影像中的应用现状，分析其技术优势与局限性，并探讨未来研究方向。

3.论文结构

本文首先介绍深度学习的基本技术，随后分析医疗影像数据的特点与挑战，接着综述深度学习在影像分类、目标检测和分割中的具体应用，最后讨论未来研究方向与潜在解决方案。

【案例背景2】

芝芝是一名研究生，主修拉美文学，需在三周内完成一篇5000字的学术论文。她对选题感到迷茫，希望聚焦“拉美文学大爆炸”这个主题，但不知如何细化题目、查找文献或搭建框架。她期待DeepSeek能够提供选题建议、文献综述大纲和初稿片段，同时确保内容符合学术规范。芝芝还希望在写作后获得查重建议。

【实操演示】

芝芝可输入：作为论文写作助手，请为我提供帮助。我当前处于选题阶段。（写作阶段）我的写作主题倾向于“拉美文学大爆炸”，但需细化题目、获取文献综述大纲和初稿片段，总字数为5000字，需要在三周内完成。（具体需求）具体来说需要包括选题建议、框架和 500 字引言，需要列出文献标注。（学术要求）请用提问、讨论式的互动方式来一起和我探讨。（互动需求）

DeepSeek的回答：

很高兴能帮助你完成关于“拉美文学大爆炸”的论文！以下是一些具体的建议和步骤，帮助你细化题目、构建框架并完成引言部分。我们将通过提问和讨论的方式，逐步推进你的论文写作。

1. 选题建议

细化题目：你可以从以下几个角度细化题目：

“拉美文学大爆炸”中的魔幻现实主义：探讨魔幻现实主义在“拉美文学大爆炸”中的地位和影响。

“拉美文学大爆炸”中的女性作家：分析女性作家在这一文

学运动中的贡献和独特视角。

“拉美文学大爆炸”与政治背景：探讨这一文学运动与当时拉美政治环境的关系。

“拉美文学大爆炸”对世界文学的影响：分析这一运动如何影响全球文学创作和阅读。

互动提问：

你对哪个细化方向最感兴趣？

你是否了解这些细化方向的研究现状和主要文献？

2. 文献综述大纲

引言：介绍“拉美文学大爆炸”的背景和重要性。

魔幻现实主义：分析魔幻现实主义在“拉美文学大爆炸”中的表现和影响。

主要作家和作品：介绍几位代表性作家及其作品，如加西亚·马尔克斯、胡利奥·科塔萨尔等。

政治与社会背景：探讨这一文学运动与当时拉美政治和社会环境的关系。

国际影响：分析“拉美文学大爆炸”对世界文学的影响。

结论：总结“拉美文学大爆炸”的成就和未来研究方向。

3. 500字引言

引言示例：

20世纪60年代至70年代，拉丁美洲文学经历了一场前所未有的繁荣，被称为“拉美文学大爆炸”。这一文学运动不仅改变了拉美文学的面貌，也对全球文学产生了深远影响。魔幻现实主义作为这一运动的核心特征，通过将现实与幻想相结合，揭示了拉美社会的复杂性和多样性。加西亚·马尔克斯的《百年孤独》是这一流派的代表作，其独特的叙事风格和深刻的社会批判使其成为世界文学的经典之作。

除了魔幻现实主义，拉美文学大爆炸还涌现出一批杰出的作家，如胡利奥·科塔萨尔、马里奥·巴尔加斯·略萨等。他们的作品不仅在文学技巧上有所创新，还深刻反映了当时拉美社会的政治动荡和文化冲突。这一文学运动的兴起与拉美当时的政治环境密不可分，许多作家通过文学作品表达对社会不公和政治压迫的抗议。

本文旨在探讨“拉美文学大爆炸”的起源、主要特征及其对世界文学的影响。通过对代表性作家和作品的分析，本文将揭示这一文学运动如何通过独特的叙事技巧和深刻的社会批判，成为20世纪最重要的文学现象之一。

4. 文献标注

MLA格式示例：

García Márquez, Gabriel. One Hundred Years of Solitude. Harper & Row, 1970.

Cortázar, Julio. Hopscotch. Pantheon Books, 1966.

Vargas Llosa, Mario. The Time of the Hero. Farrar, Straus

and Giroux, 1966.

Martin, Gerald. Journeys through the Labyrinth: Latin American Fiction in the Twentieth Century. Verso, 1989.

5. 互动讨论

你对引言部分的内容有何看法？是否需要补充或修改？

你是否已经找到了一些关键文献？有哪些文献是你认为必须引用的？

在接下来的写作中，你希望重点探讨哪个部分？

通过以上步骤和互动讨论，你可以逐步完成论文的选题、框架和引言部分。如果你有任何问题或需要进一步的帮助，随时告诉我！

总结

本案例中DeepSeek能够提供选题到查重建议的全流程支持。模板设计聚焦写作阶段、具体需求、学术要求和互动需求，确保输出学术严谨且个性化。这种设计思路不仅适用于论文写作，还可拓展到研究提案撰写、项目报告起草或学术演讲稿准备等领域，帮助用户高效完成复杂写作任务。

3.1.4 考试突击得高分法宝

在面对即将来临的考试时，学生常面临复习时间紧迫的困境，特别需要一种能够精准匹配自身需求、实现高效复习的有效途径。DeepSeek这时就能作为“考试突击得高分法宝”，帮助学生在短时间内高效复习并生成个性化的记忆卡片，以提升考试成绩。

DeepSeek能够根据学生的具体需求，自动生成针对性的记忆卡片，涵盖关键知识点、难点解析和复习策略，帮助学生快速掌握考试重点。例如，针对历史考试，DeepSeek可生成包含重要事件、人物和时间线的记忆卡片。针对本主题，模板要素需明确学生的【考试科目】+【具体难点】+【记忆工具】+【时间限制】+【学习风格】，以确保输出精准、实用且符合学生期待，从而提升复习效率和考试表现。

【模板直接用】

模板要素	设计思路
考试科目	明确学生需要复习的学科，确保生成的内容针对性强
具体难点	指出学生在复习中的主要障碍，帮助 DeepSeek 聚焦于解决核心问题

（续表）

模板要素	设计思路
记忆工具	思维导图、时间轴、记忆卡片等方法提高记忆效率
时间限制	了解备考时间，以便 DeepSeek 提供合理的时间管理和复习策略
学习风格	匹配学生的学习偏好，提升记忆效果和学习体验

这些模板要素共同构建了一个高效复习知识的框架，使DeepSeek的输出更贴合学生需求。

【案例背景1】

阿朱是一名高二学生，即将参加历史学科的期末考试，但她对历史事件的时间线和因果关系感到困惑，记不住关键转折点。由于考试仅剩一周时间，她急需一种高效的复习方法来突击备考。阿朱希望DeepSeek能帮助她快速掌握重要知识点。她不喜欢记忆纯文字，喜欢通过图表和图像来记忆信息。

【实操演示】

阿朱可以这样输入：我是一名高二学生，即将参加历史学科的期末考试。（考试科目）我总是记不住关键转折点。（具体难点）请使用一些和表格相关的记忆工具帮我记忆。（记忆工具）我只有一周的时间备考。（时间限制）不喜欢纯文字的记忆方法，喜欢通过图表和图像来记忆信息。（学习风格）

一起来看看DeepSeek的回答：

非常好！既然你喜欢通过图表和图像来记忆信息，我们可以利用时间轴、表格和思维导图等工具来帮助你高效记忆历史关键转折点。以下是具体的学习计划和记忆工具：

第一步：明确考试范围

确定重点：向老师或同学确认考试范围（如中国古代史、世界近代史等）。

列出关键转折点：将重要事件、人物和时间节点列出来。

第二步：制作时间轴

时间轴是一种直观的工具，可以帮助你理清历史事件的先后顺序和因果关系。

· 中国古代史时间轴

示例：

夏朝（约前2070—前1600）→ 商朝（前1600—前1046）→ 西周（前1046—前771）→ 东周（前770—前256）→ 秦朝（前221—前206）→ 汉朝（前206—公元220）→……

工具：

手绘时间轴（用不同颜色标注不同朝代）。

使用在线工具（如Canva、Lucidchart）制作电子版。

第三步：制作对比表格

表格可以帮助你对比不同历史事件的异同点，强化记忆。

· 中国古代朝代对比

朝代	时间范围	重要事件	关键人物
秦朝	前 221—前 206	统一六国、修建长城、焚书坑儒	秦始皇
汉朝	前 206—公元 220	文景之治、丝绸之路	汉文帝、汉景帝、汉武帝
唐朝	618—907	贞观之治、开元盛世、安史之乱	唐太宗、唐玄宗

第四步：制作思维导图

思维导图可以帮助你理清历史事件的因果关系和逻辑链条。

· 中国古代史思维导图

中心主题：中国古代史

分支：

政治制度（如分封制、郡县制）

经济制度（如井田制、均田制）

文化成就（如四大发明、唐诗宋词）

重要战争（如赤壁之战、安史之乱）

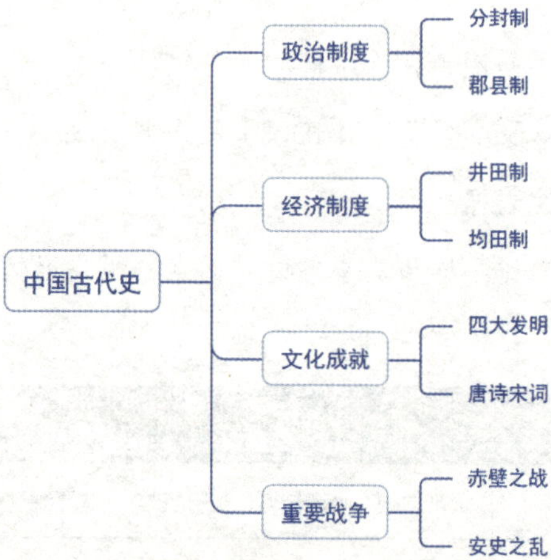

第五步：复习计划

第1—2天：制作时间轴和表格，梳理关键事件。

第3—4天：制作思维导图，理清逻辑关系。

第5天：使用图像记忆法强化记忆。

第6天：做历年真题，查漏补缺。

第7天：复习所有图表，进行模拟测试。

通过以上方法，你可以在一周内高效记忆历史关键转折点。如果有任何问题或需要进一步帮助，随时告诉我！加油！

总结

通过本案例，DeepSeek利用模板要素为阿朱提供了个性化的考试突击支持。模板要素设计聚焦考试科目（历史）、具体难点

（时间线和因果关系）、记忆工具(时间表格、因果流程图)、时间限制（一周）和学习风格（不喜欢纯文字记忆），确保输出高效、视觉化且易于记忆。这种设计思路不仅适用于历史考试，还可拓展到其他科目如生物（生成概念图卡片）、语文（生成文学常识卡片）或英语（生成单词卡片）等领域，帮助学生在短时间内高效备考，提升考试表现。

【案例背景2】

芳芳是一名高一的学生，即将参加语文学科的期末考试，但她总是不会翻译文言文，不知道关键词怎么翻译，不理解文言文的意思。由于考试仅剩一周时间，她急需一种高效的复习方法来突击备考。芳芳希望DeepSeek能帮助她快速掌握重要知识点。她不喜欢记忆纯文字，喜欢通过图表和图像来记忆信息。

【实操演示】

芳芳可以这样输入：我是一名高一学生，即将参加语文学科的期末考试。（考试科目）我总是记不住文言文关键字词该如何翻译。（具体难点）请使用一些记忆工具帮我记忆。（记忆工具）我只有一周的时间备考。（时间限制）不喜欢纯文字的记忆方法，喜欢通过图表和图像来记忆信息。（学习风格）

一起来看看DeepSeek的回答：

为了帮助你在短时间内高效记忆文言文关键字词的翻译，我会结合你的学习风格（喜欢图表和图像）和时间限制（一周备考），设计一个适合你的记忆方案。以下是具体建议：

1. 使用思维导图整理关键字词

工具推荐：使用思维导图工具（如XMind、MindMaster或手绘）将文言文关键字词分类整理。

方法：

以“词性”或“主题”为分类标准，例如：

动词：如“之”（去、到）、“曰”（说）、“谓”（认为）。

代词：如“吾”（我）、“汝”（你）、“其”（他/它）。

虚词：如“而”（表转折或并列）、“以”（用、因为）、“于”（在）。

每个关键词旁边配上简单的图像或符号，例如：

“曰”可以画一个说话的嘴巴。

“之”可以画一个箭头表示“去”。

互动提问：

你觉得哪些关键字词最难记？我可以帮你设计更具体的图像。

2. 制作图文对照卡片

工具推荐：使用Anki（记忆卡片软件）或手写卡片。

方法：

每张卡片正面写文言文关键字词，背面写翻译和对应的图像。

例如：

正面："曰"

背面："说" + 一张说话的嘴巴图片。

每天复习20—30张卡片，利用间隔重复法强化记忆。

互动提问：

你平时用手机多吗？如果方便，可以尝试用Anki，它会根据记忆曲线提醒你复习。

3. 利用图表总结高频词

工具推荐：用Excel或手绘表格整理高频词。

方法：

制作一个表格，分为"文言词""翻译""例句""图像提示"四列。

例如：

文言词	翻译	例句	图像提示
之	去	吾欲之南海	箭头→
曰	说	子曰：学而时习之	嘴巴🗣

每天复习表格，重点关注自己不熟悉的词。

互动提问：

你觉得表格的形式适合你吗？或者你更喜欢其他类型的图表？

4. 通过故事串联记忆

方法：

将关键字词编成一个小故事，用图像辅助记忆。

例如：

“吾（我）欲之（去）南海，曰（说）：‘汝（你）其（他）能助我乎？’”

画一个简单的漫画：一个人指着地图说“去南海”，另一个人回答“我能帮你”。

互动提问：

你喜欢编故事吗？如果喜欢，我可以帮你设计一个更长的故事串联更多关键词。

5. 每日复习计划

时间安排：

第1—2天：整理高频词，制作思维导图和卡片。

第3—5天：每天复习50—100个关键词，结合图表和图像记忆。

第6天：通过练习题巩固记忆，查漏补缺。

第7天：快速过一遍所有内容，重点复习不熟悉的词。

互动提问：

你每天能花多少时间复习？我可以根据你的时间调整计划。

6. 练习题巩固

方法：

找一些文言文练习题，重点练习关键字词的翻译。

每做完一道题，回顾相关的关键字词，并在图表或卡片上标记。

互动提问：

你有往年的期末试卷或练习题吗？可以拿来一起分析。

7. 图像化记忆示例

示例1：

文言词："之"

翻译："去"

图像：画一个箭头（→）表示"去"。

示例2：

文言词："曰"

翻译："说"

图像：画一个说话的嘴巴（🗣️）。

示例3：

文言词："其"

翻译："他/它"

图像：画一个人指着另一个人。

8. 互动总结

你觉得以上方法中，哪种最适合你?

你还需要我帮你整理哪些关键字词的图像或图表?

如果你有其他想法或需求，随时告诉我，我会调整方案!

通过以上方法，你可以在一周内高效记忆文言文关键字词，并为期末考试做好充分准备！加油!

总结

通过本案例，DeepSeek利用模板要素为芳芳提供了个性化的考试突击支持。模板要素聚焦考试科目（语文）、具体难点（记不住文言文关键词，不知道如何翻译文言文）、记忆工具(思维导图)、时间限制（一周）和学习风格（不喜欢纯文字记忆），确保输出可视化且易于记忆的内容并且输出内容包含复习计划，帮助芳芳合理安排一周的复习节奏。

3.2 职场篇——成为职场高效能人士

在竞争激烈的职场中，每个人都可能面临各种挑战：如何控制合同中潜在的风险？如何修改一版更好的简历，更好地体现自己的竞争力？如何在短时间内记录内容过于烦琐的会议纪要？如何准确地对海量的复杂数据进行分析？甚至如何管理自己的时间，激发自己的创意……

DeepSeek作为一款强大的AI工具，能够根据职场人士的具体需求，为职场人士提供量身定制的解决方案，助你轻松应对职场中的各种难题。

高效文档处理：在一天内完成“××项目进展报告”，快速生成初稿并从多份会议记录中提取关键决议，减轻文档整理负担。

多线程会议管理：协调多场会议，优化时间安排并生成议程，确保多任务无缝衔接。

复杂数据专业分析：分析数据，构建分析框架并预测，提升决策效率。

时间管理魔法师：优化一天日程，合理安排会议、文档撰写和紧急任务处理，确保高优先级任务高效完成。

接下来我们将通过一系列生动的场景，教大家如何在不同的场景高效使用DeepSeek，让DeepSeek充分发挥其效能，成为我们在工作中的得力助手。

3.2.1 高效文档处理

本小结探讨如何利用DeepSeek作为“高效文档处理”助手，帮助用户在文档创建、编辑、整理和分析等任务中提升效率。DeepSeek可根据需求快速生成文档、提取关键信息、优化格式或提供编辑建议，特别适用于时间紧迫或多文档管理的场景。

【提示词设计模板】

要让DeepSeek变成高效文档处理的好帮手，在设计提示词时，需要注意一些原则，如下表所示：

提示词设计	具体内容	作用
任务目标清晰	明确处理任务（如生成、提取、转格式等）	DeepSeek 聚焦核心需求
文档类型要求明确	指定文档种类（如报告、合同、报表等）	DeepSeek 理解内容结构和语境

（续表）

提示词设计	具体内容	作用
要求具体细节	提供任务细节（如主题、格式规范等）	使输出满足特定标准
输出形式约束	定义结果呈现方式（如生成格式为文本、列表等）	方便用户直接使用生成结果

【真实场景模拟】

下面将结合2个具体场景，展示让DeepSeek成为高效文档处理的好助手。

场景1　完成项目进展报告

小张是一名项目助理，需在一天内完成一份项目进展报告。

操作步骤如下：

用户明确任务目标：需在一天内完成项目进展报告。

利用提示词输入：我是一名项目助理，需在一天内完成一份项目进展报告，并从多份PDF格式的会议记录中提取关键决议。时间有限，我无法逐一整理，请快速帮我生成报告初稿并提取信息。要求报告包含项目概述、进展数据和建议，输出为文本格式，以便我后续调整。

DeepSeek回应如下：

嗨，以下是你的文档处理支持：

报告初稿：

项目概述：2024年项目旨在提升效率，已完成50%。

进展数据：Q1完成率30%，Q2提升至50%。（可附表格）

建议：加强资源投入，优化流程。

PDF信息提取：

从会议记录中提取决议，如“加预算10%”“调整时间表”。建议用工具（如Adobe Acrobat）定位关键词“决议”。

输出提示：

内容已按文本格式结构化，可直接下载编辑。

提问：

需要具体数据填充报告吗？PDF文件多吗？

场景2　完成市场分析报告

用户是产品研发人员，需要一篇有关消费品市场的相关报告，约为1000字。

操作步骤如下：

用户明确任务目标：需要快速了解快消品市场的趋势。

利用提示词输入：我是快消品行业的产品研发人员，我需要从报告中获取消费者对产品功能、特性、外观等方面的需求和偏好信息，从而有针对性地进行产品研发和创新。需要快速地了解这个行业的未来发展趋势，帮我写一篇1000字的市场分析报告，输出为文本。

DeepSeek回应如下：

市场现状

近年来，消费品市场规模持续扩大。线上销售渠道蓬勃发展，电商平台成为消费者购物的重要阵地，同时，线下实体店铺也在不断创新体验模式，通过打造个性化购物场景来吸引消费者。

市场趋势

数字化驱动：数字化营销手段广泛应用，社交媒体成为品牌推广与消费者互动的关键平台。品牌借助大数据精准分析消费者偏好，实现精准营销。

绿色可持续：环保意识的增强使得消费者倾向于选择环保、可持续的消费品。可降解材料制成的一次性餐具、环保型清洁用品等市场需求逐渐上升。

…………

3.2.2 多线程会议管理

接下来我们探讨如何利用DeepSeek实现“多线程会议管

理”，帮助用户在多个会议并行时高效规划、记录和跟进任务。DeepSeek可通过自动化生成会议议程、安排时间、记录要点并提供后续行动建议，解决多任务协调中的时间冲突和信息混乱问题。例如，面对多个部门的会议需求，DeepSeek能快速整合信息并优化流程。

【提示词设计模板】

要让DeepSeek变成多线程会议管理的好帮手，在设计提示词时，需要包含的内容，如下表所示：

提示词设计	具体内容	作用
数量明确	需要管理的会议数量	确保 DeepSeek 全面覆盖所有任务
会议目标清晰	指明每场会议的目的，如汇报、决策、头脑风暴等	帮助 DeepSeek 定制议程和内容
参与者信息全面	提供人数和角色信息，如头衔、职务等	便于 DeepSeek 调整沟通方式和优先级
时间约束	定义日期和时长	帮助 DeepSeek 优化时间安排，避免冲突

【真实场景模拟】

下面将结合2个具体场景，展示如何让DeepSeek成为多线程管理的好秘书。

场景1　部门的会议召开

小王是一名产品经理，负责协调3个项目组的会议，下周工作日时间有限，他需要快速安排会议时间、生成议程并准备记录模板。

操作步骤如下：

用户明确任务目标：避免时间冲突，并根据不同会议目标和参与者，提供针对性建议。

利用提示词输入：作为多线程会议管理工具，请为我（一名产品经理，需管理3场会议）提供帮助。会议数量为3场：1. 产品规划会，目标为确定下季度计划，参与者为6名团队成员，时间约束为下周一或周二，1小时；2. 客户反馈会，目标为收集需求，参与者为3名客户和2名同事，时间约束为下周三，1.5小时；3. 技术评审会，目标为技术方案评估，参与者为5名开发人员，时间约束为下周四或周五，2小时。请提供时间安排、议程和记录建议。

DeepSeek回应如下：

嗨，小王！以下是为你3场会议提供的管理支持：

时间安排：

会议1：产品规划会，下周一上午10:00—11:00

会议2：客户反馈会，下周三下午2:00—3:30

会议3：技术评审会，下周四上午9:00—11:00

议程：

会议1：产品规划会

当前项目回顾（15分钟）

下季度计划讨论（35分钟）

任务分配（10分钟）

会议2：客户反馈会

欢迎与介绍（10分钟）

客户需求陈述（40分钟）

讨论与总结（40分钟）

会议3：技术评审会

方案展示（40分钟）

技术可行性讨论（60分钟）

决议与后续计划（20分钟）

记录建议：

会议1：任务清单表格

会议2：客户需求记录表

会议3：技术方案决议文档

场景2　会议召开的具体内容

一个部门员工，要组织两场会议，一场是团队的头脑风暴，另一场是供应商谈判，需要安排一下时间，并且提供每个会议要涉及哪些方面内容的建议。

操作步骤如下：

用户明确任务目标：合理安排时间，并根据不同会议的目的和参与者提供有效建议。

利用提示词输入：我有两场会议需要组织：一个是团队头脑风暴，目标为创意收集，参与者8人，时间约束为下周二，1小时；一个是接待供应商，目标为定制产品的确定，参与者4人，时间约束为下周四，1.5小时。帮我合理安排会议时间以及会议内容的分布。

DeepSeek回应如下：

安排建议：

头脑风暴：下周二上午9:00—10:00

供应商谈判：下周四下午3:00—4:30

议程：

头脑风暴：1. 创意分享（40分钟） 2. 筛选与总结（20分钟）

供应商谈判：1.欢迎与介绍：团队介绍（10分钟）2.客户需求陈述：逐一发言（40分钟）3.讨论与总结：解决方案提议（30分钟）4. 下一步计划（10分钟）

3.2.3 复杂数据专业分析

本小节将教大家如何利用DeepSeek实现复杂数据的专业分析，帮助用户在处理大量、复杂或多维度数据时，快速提取有价值的信息和洞察。DeepSeek能够根据用户需求，提供数据分析框架、建议分析方法、模型选择指导，并协助用户理解分析结果。例如，面对海量消费者行为数据，DeepSeek可帮助市场分析师识别购买偏好和趋势。

【提示词设计模板】

要让DeepSeek变成复杂数据专业分析的专业人士，在设计提示词时，需要包含的内容，如下表所示：

提示词设计	具体内容	作用
数据类型	明确数据的性质（如时间序列、图像、文本等）	帮助 DeepSeek 选择合适的分析工具和方法
目标	指明用户希望从数据中获取的信息（如预测、分类、聚类）	确保分析方向明确
分析方法	允许用户指定偏好的技术或模型	提升分析的针对性
数据来源	提供数据的位置或获取方式（如数据库、CSV 文件）	方便 DeepSeek 定位和处理数据

【真实场景模拟】

下面将结合两个具体场景，展示如何让DeepSeek成为复杂数据专业分析的好帮手，帮助用户高效处理复杂任务。每个案例包括用户信息、操作步骤和DeepSeek的回应，旨在提供清晰的操作流程和实用性指导。

场景1　消费者行为数据的分析

小马是一名市场分析师，负责分析电商平台的消费者行为数据。然而，数据量庞大且复杂，小马难以手动处理和分析。

操作步骤如下：

用户明确任务目标：希望借助DeepSeek快速构建分析框架、选择合适的模型并获得可操作的洞察。

利用提示词输入：作为复杂数据专业分析工具，请为我（一名市场分析师，需分析电商平台的消费者行为数据）提供帮助。希望通过消费者购买记录和浏览历史来预测消费者购买偏好，请使用机器学习模型来预测，使用CSV文件，以优化营销策略。

DeepSeek回应如下：

嗨，小马！以下是针对你的需求提供的分析支持：

分析框架：

数据预处理：清洗数据，处理缺失值，转换时间戳等。

特征工程：提取关键特征，如购买频率、浏览时长、商品类别等。

模型选择：推荐使用协同过滤或随机森林模型进行购买偏好预测。

模型评估：使用准确率和召回率评估模型性能。

建议步骤：

导入CSV数据并进行探索性数据分析。

构建用户-物品交互矩阵。

训练模型并进行交叉验证。

分析预测结果，识别高潜力消费者群体。

提问引导：

你的数据中是否有用户评分或反馈信息？

你希望预测短期还是长期的购买偏好？

场景2　社会学调查问卷数据的分析

一名社会学家，需分析调查问卷数据。

操作步骤如下：

用户明确任务目标：希望通过DeepSeek快速进行聚类分析，识别数据中的潜在群体特征。

利用提示词输入：作为复杂数据专业分析工具，请为我（一名社会学家，需分析调查问卷数据）提供帮助。希望使用专业的数据库的文本和数值，通过聚类分析识别调查对象的群体特征。

DeepSeek回应如下：

建议使用K-means或层次聚类进行聚类分析。以下是具体步骤：

数据准备：

从数据库导出数据。

进行文本向量化（如TF-IDF），并标准化数值特征。

聚类应用：

应用聚类算法（如K-means或层次聚类）。

通过轮廓系数评估聚类效果。

提问引导：

你需要帮助确定聚类数量吗？

数据中是否有缺失值或异常值需要处理？

3.2.4 时间管理魔法师

本小节探讨如何利用DeepSeek化身“时间管理魔法师”，助力上班族实现时间管理的优化，进而提升工作效率。在日常工作中，上班族往往面临极为繁杂的工作日程，涵盖会议安排、任务优先级的合理排序，以及对各类突发事件的妥善处理。DeepSeek能够基于上班族的工作特性与实际需求，生成高度个性化的日程表，精准提供时间分配建议，并运用智能算法预测潜在的时间冲突，帮助上班族有条不紊地应对工作中的各项事务，将时间利用效率最大化。

【提示词设计模板】

要让DeepSeek成为时间管理魔法师，在设计提示词时，需要抓住一些关键点，以构建一个高效的时间管理框架，确保输出既精准又实用。

提示词设计如下：

提示词设计	具体内容	作用
明确任务目标	清晰描述用户希望完成的具体目标（如优化一天日程）	帮助 DeepSeek 明白需要完成的任务
提供任务清单	列出所有待办事项（会议、文档撰写等）	确保分析方向明确
说明优先级	指定面临的任务的重要程度（高、中、低）	帮助 DeepSeek 选择合适的分析工具和方法
描述个人习惯	提供工作偏好（如上午更专注、晚上加班）	方便 DeepSeek 定制更加个性化

【真实场景模拟】

下面通过两个具体场景，展示DeepSeek如何成为时间管理的得力助手，帮助用户优化工作日程。

场景1　产品经理的日程优化

小张是一名产品经理，每天需处理产品规划会议、撰写需求文档和回复团队邮件。

操作步骤如下：

用户明确任务目标：希望DeepSeek帮助优化一天的日程安排，确保高效完成工作。

利用提示词输入：作为时间管理魔法师，请为我（一名产品经理，需优化一天工作日程）提供帮助。我今天有5项待办任务，任务清单包括：上午团队会议、下午客户演示、完成需求文档、回复20封邮件、解决产品bug。时间限制为一天（9:00—18:00），优先级为解决产品bug（高）、客户演示（高）、需求文档（中）、会议（中）、邮件（低）。上午我工作起来更专注。

DeepSeek回应如下：

嗨！以下是你今天的优化日程：

日程表：

i. 9:00—10:00：解决产品bug（高优先级，利用上午专注时段）

ii. 10:00—11:00：团队会议（已安排，保持专注完成）

iii.11:00—12:00：撰写需求文档（中优先级，上午高效处理）

iv. 12:00—13:00：午休

v. 13:00—15:00：客户演示（高优先级，下午保持精力）

vi. 15:00—16:00：继续撰写需求文档（完成剩余部分）

vii.16:00—17:00：回复20封邮件（低优先级，批量处理）

viii.17:00—18:00：机动时间（处理突发情况）

建议：

邮件可使用模板快速回复，节省时间。

若bug复杂，提前告知团队调整会议时间。

更多追问

追问：客户演示需要PPT，能帮我规划时间吗？

DeepSeek回应：建议调整日程：13:00—14:00 准备PPT，14:00—15:00 客户演示。需要PPT大纲吗？

追问：如果bug解决时间延长怎么办？

DeepSeek回应：若bug解决延至10:30，会议推迟至11:00—12:00，需求文档分段完成（11:00—11:30，15:00—15:30）。需要协调建议吗？

追问：邮件太多，能提供批量回复策略吗？

DeepSeek回应：建议分类邮件（紧急、一般），用模板回复一般邮件，如“感谢联系，已记录，将尽快处理”。需要模板示例吗？

场景2　心理咨询师的日程规划

一名心理咨询师，需在半天内完成写报告和开会两项任务。

操作步骤如下：

用户明确任务目标：希望DeepSeek帮助列出专门的工作时间安排。

利用提示词输入：作为时间管理魔法师，请为我（一名心理咨询师，需列出专门的工作时间安排）提供帮助。任务清单为写报告和开会，时间限制为半天，优先级均为中，习惯是下午高效。

DeepSeek回应如下：

嗨！以下是你的半天日程：

日程表：

13:00—14:30：写报告（中优先级，下午高效时段优先处理）

14:30—15:30：开会（中优先级，紧凑安排）

建议：

下午高效时段优先处理报告，确保专注度。

提问：

需要报告模板或会议议程建议吗？

总结

通过上述场景和追问模拟，DeepSeek展现了其作为“时间管理魔法师”的强大能力。它不仅能根据用户需求生成个性化的日程表，还能灵活应对突发情况，提供实用建议。无论是产品经理还是心理咨询师，DeepSeek都能助力用户在繁忙工作中游刃有余，显著提升时间管理效率。

3.3 自媒体篇——快速成为自媒体达人

在快节奏运转的自媒体领域中，创作者们常常会陷入困境。像是灵感突然断流，选题枯竭找不到新思路；眼瞅着热点事件发生，却难以迅速抓住时机进行创作；还有那复杂烦琐的数据分析工作，耗时又费力。DeepSeek这款强大的AI工具，便是专为自媒体从业者精心打造的得力助手。它能凭借自身优势，迅速捕捉到当下热点，激发创作灵感，巧妙孵化出新颖创意，还能对文案进行专业优化，把繁杂的数据高效分析透彻。有了DeepSeek的智能加持，创作者们便能轻松跟上时代潮流，大幅提升创作效率，创作出更具吸引力的内容，让作品在众多信息中崭露头角。

这时候DeepSeek就能充当热点内容查询器、内容创意孵化器、数据驱动分析助手、视频脚本参考器、文案优化助手来让我们紧跟潮流、提升效率，让创作更具吸引力，让我们的作品在众多内容中脱颖而出，闪闪发光！

3.3.1 热点内容查询器

DeepSeek作为“热点内容查询器”，通过其联网搜索功能，帮助自媒体从业者快速获取最新新闻和热点信息，助力内容创作。在自媒体行业，紧跟热点是提升流量和影响力的关键，但手动搜索和整理信息耗时费力。DeepSeek可根据用户需求搜索最新新闻、提取关键信息并生成内容框架，显著提升效率。

【热点内容查询器模板】热点主题+时间范围+信息类型+输出形式

【案例1】

阿纲是一名科技类自媒体博主，运营一个专注于新兴科技的微信公众号。他注意到近期“人工智能新突破”的话题热度上升，想快速撰写一篇相关文章抓住流量，但缺乏时间搜索和整理最新新闻。阿纲希望借助DeepSeek的联网搜索功能，在短时间内获取“人工智能”领域的最新动态，包括事件概要和关键数据，输出为简洁摘要，方便他快速创作。

【DeepSeek使用操作】

需求输入

作为热点内容查询器，热点主题为“Manus的最新报道”，时间范围为最近一周，信息类型为事件概要和关键数据，输出形式为表格形式。利用你的联网搜索功能查阅最新新闻。

DeepSeek 输出

以下是根据提供的搜索结果整理的“Manus最新动态数据表”（截至2025年3月11日），所有信息均基于权威媒体报道，并按时间顺序排列：

Manus关键事件与数据概览表

时间	事件概要	关键数据 / 影响	来源
2025-03-06	Manus 正式发布，定位为全球首款通用 AI 智能体	- 演示案例涵盖简历筛选、房产研究、股票分析等复杂任务	网络
2025-03-06	创始人肖弘提出“壳有壳的用处”，强调 AI Agent 需跨越鸿沟	- 预告半年内将迎来 AI Agent 的“战斗机会”，认为品牌是未来技术护城河	网络
2025-03-07	专家称 2025 年为“AI 智能体元年”，Manus 推动行业爆发	- 云计算、大模型等技术成熟降低应用门槛 - 预测市场将迎爆发增长，替代 15% 日常工作	网络
2025-03-11	中泰证券研报称 Manus 标志 AI 从“思考”到“行动”的跨越	- 任务拆解与执行能力初成形 - 用户流量决定厂商竞争力，开源模型缩小技术代差	网络

核心结论

1.技术定位：Manus通过多智能体架构调用GPT-4、DeepSeek等模型，实现任务规划与执行闭环，但依赖预定义流程限制通用性。

2.市场影响：引发AI智能体概念股暴涨（立方控股等涨停），中泰证券称其开启Agent商业化元年。

3.争议焦点：

营销策略：被质疑“饥饿营销”，官方否认投入推广预算。

技术壁垒：封装Claude等模型，但工程整合受认可。

如需进一步验证数据，可访问每日经济新闻（http://www.nbd.com.cn）、凤凰网（http://news.ifeng.com）等来源。

【案例2】

阿植是一个游戏博主，元宇宙概念为这些玩家提供了更丰富、更沉浸式的体验。因此他想知道最近一个月，有关“元宇宙新进展”的消息。

【DeepSeek使用操作】

需求输入

我对元宇宙概念非常痴迷，是个游戏博主，请列出最近一个月，有关“元宇宙新进展”的消息。表述简单，只列出关键数据，用表格的形式输出。

DeepSeek输出

以下是最近一个月内（截至2025年3月11日）“元宇宙新进展”的关键信息，数据来源于权威媒体报道，并以表格形式呈现：

事件概要	关键数据	信息来源
中国跨境电商中的人民币应用	2025 年 3 月，中国跨境电商平台大规模采用人民币结算，支持元宇宙虚拟商品交易。	路透社
百度发行债券支持元宇宙技术研发	百度计划发行 14 亿美元债券，用于 AI 和元宇宙技术研发，加速虚拟世界构建。	彭博社
中国金融市场动态	中国人民银行发行 80 亿美元债券，稳定人民币汇率，为元宇宙虚拟经济提供支持。	纽约时报
元宇宙产业政策支持	中国政府计划 2025 年内投入 100 亿元人民币，支持元宇宙技术研发。	凤凰网
虚拟货币在元宇宙中的应用	元宇宙平台“虚拟世界 X”支持人民币作为虚拟货币，交易量增长 30%。	每日经济新闻

核心结论

1. 政策与经济支持：中国政府和金融机构通过政策和资金注入，为元宇宙产业提供坚实基础，推动虚拟经济发展。

2. 技术与市场动态：科技巨头如百度通过融资加速元宇宙技术研发，助力虚拟世界的沉浸式体验提升。

3. 虚拟经济崛起：人民币在元宇宙中的应用日益广泛，交易量显著增长，为玩家带来更便捷的虚拟消费体验。

3.3.2 内容创意孵化器

如何利用DeepSeek 作为“内容创意孵化器”，帮助自媒体创作者快速生成新颖的内容选题，提升创作灵感与效率呢？自媒体内容创作中，选题的吸引力直接影响流量和粉丝黏性，而DeepSeek可根据用户需求提供多样化创意选题、脚本大纲或内容方向建议。例如，面对选题枯竭的短视频博主，DeepSeek能生成符合受众兴趣的独特主题。

【内容创意孵化器模板】创作领域+目标受众+内容形式+创意要求

【案例1】

小强是一名短视频博主，专注于旅行内容创作，拥有5万粉丝。他最近感到选题灵感枯竭，常规的“热门景点打卡”内容难以吸引更多关注。小张希望DeepSeek能帮助他生成新颖的旅行选题，吸引20—30岁的年轻观众。他主要在抖音平台发布60秒短视频，期待选题既有趣又低成本可执行，以便快速拍摄和上线。

【DeepSeek使用操作】

需求输入

作为内容创意孵化器，请为我（一名短视频旅行博主）提供选题建议。创作领域为旅行，目标受众为20—30岁的年轻人，内容形式为60秒抖音短视频，创意要求为新颖且低成本可执行。

DeepSeek输出

嗨，小强！以下是为你的抖音旅行短视频生成的创意选题：

选题 1：城市角落探秘

内容：探索城市中鲜为人知的角落（如老街小巷、隐藏咖啡馆），60秒展示独特风景和故事。

创意点：低成本，只需本地拍摄，年轻人爱新鲜感。

脚本建议：开头10秒抛出悬念“你知道家门口藏着什么秘密吗”，中间40秒展示场景，最后10秒号召“快来发现你的城市宝藏”。

选题 2：24小时穷游挑战

内容：用100元预算完成一天旅行，记录吃住行玩法。

创意点：低成本又接地气，吸引预算有限的年轻人。

脚本建议：开头15秒介绍挑战，中间35秒展示过程，最后10

秒总结，“你敢试试吗？”

提问引导：

你觉得哪个选题更适合你的风格？

需要为某个选题细化脚本吗？

更多追问

输入：24小时穷游挑战的脚本能再细化吗？

输出：当然！细化脚本：

0—15秒：镜头扫过背包，旁白“100元能玩一天？挑战开始！”

15—50秒：快剪吃面（20元）、公交（5元）、公园散步（免费），旁白“省钱又开心！”

50—60秒：镜头定格夕阳，旁白“你敢来试试吗？”

需要拍摄技巧建议吗？

…………

【案例2】

鸥妹是一个写美食公众号的博主，最近点赞量和阅读量的数据量有些下滑，需要找到更多好的选题。

【DeepSeek使用操作】

需求输入

创作领域为美食，目标受众为学生，内容形式为公众号文章，创意要求为简单实用。

DeepSeek输出

选题建议：

宿舍5分钟懒人餐：教学生用微波炉做营养快餐，低成本且实用。

创意点：适合学生生活，操作简单。

文章大纲：引言介绍懒人需求，正文列3款食谱，结尾鼓励尝试。

…………

3.3.3 数据驱动分析助手

对自媒体从业者来说，分析、解读数据的能力非常重要。但互动数据指标繁多，如阅读量、点赞数、评论数、转发数、粉丝增长数等，每个指标又有多种细分维度和计算方式，从业者难以准确理解并选择与自身内容和目标匹配的关键指标进行分析。在自媒体的运营中，互动数据是衡量内容效果的关键，但手动分析费时且易遗漏洞察。这时就可以让DeepSeek作为“数据驱动分析助手”，帮助自媒体从业者分析互动数据，帮助自媒体从业者判断内容趋势并明确努力方向。我们可以让DeepSeek根据我们提供的互动数据，快速生成趋势分析、选题建议和优化策略，助力提升内容吸引力。

【数据驱动分析助手模板】数据类型+分析目标+时间范围+输出形式

【案例1】

作为一名自媒体短视频博主，赵赵最近有些苦恼，他希望一直专注于向受众展示生活方式方面的内容，每周发布3—5个视频。但是，最近一个月，视频的互动数据波动较大，有的视频点赞过千，有的视频点赞数寥寥无几。他想通过分析近期的互动数据，判断哪些内容更受欢迎，找出趋势并明确需要努力的方向。由于时间有限，获取数据渠道有限，他无法逐一整理数据，希望借助DeepSeek快速获得分析结果和选题建议。

【DeepSeek使用操作】

需求输入

作为数据驱动分析助手，请为我（一名自媒体短视频博主，专注生活方式内容）提供帮助。数据类型为近一个月的播放量、点赞数和评论数，分析目标是判断内容趋势和需要努力的方向，时间范围为最近30天，输出形式为简要报告和选题建议清单。我的互动数据如下：视频1（居家整理）播放5万，点赞2000，评论50；视频2（周末美食）播放8万，点赞3000，评论80；视频3（健身日常）播放3万，点赞800，评论20。

DeepSeek输出

嗨，赵赵！以下是基于你提供的互动数据分析的简要报告和选题建议：

基础数据概览

视频类型	播放量	点赞量	评论量	综合互动率（点赞+评论/播放量）
居家整理	50000	2000	50	4.1%
周末美食	80000	3000	80	3.85%
健身日常	30000	800	20	2.73%

趋势分析报告：

你制作的视频内容竞争力排序：美食＞整理＞健身

美食类播放量最高（80000），但整理类互动率更优（4.1%）

健身类数据显著低于行业平均水平（头部博主同类视频播放量≥100000，互动率≥5%）

洞察：观众更偏好实用性强且轻松的内容。整理/美食等相关视频，满足观众看完即用的需求，健身需要长期坚持，观众易产生“收藏过即做过”的心理。

需要努力的方向：

深耕高潜力赛道：居家整理类选题进行升级，周末美食类选题需要创新。

改进健身类内容：抓住痛点，融合创新。

提升互动设计：在视频中植入“选择题”，设置“需求征集”。

选题建议清单：

10分钟办公室快手菜——延续美食高互动趋势。

3㎡小空间改造术——强化居家类实用性。

打工人颈椎自救指南——优化健身内容，增加趣味性。

总结

通过模板（数据类型 + 分析目标 + 时间范围 + 输出形式），DeepSeek为赵赵提供了基于互动数据的趋势分析和选题建议，解决了手动分析的难题，帮助他明确努力方向并优化内容策略。本设计思路聚焦数据驱动的核心要素，确保输出精准且实用。此设计思路不仅适用于自媒体选题，还可拓展至电商数据分析（如销量趋势）、教育内容优化（如课程受欢迎度）或企业运营分析（如客户反馈），助力用户在数据驱动决策中提升效率和效果。

【案例2】

以职场话题以及情感为主要内容的公众号博主，需要通过分析自己公众号文章数据特点，找到近期热门主题方向。

【DeepSeek使用操作】

需求输入

数据类型为公众号文章阅读量和点赞数，分析目标是找出热门主题，时间范围为近两周，输出形式为清单。数据：文章1（职场技巧）阅读2万，点赞500；文章2（情感故事）阅读1万，点赞200。

DeepSeek输出

公众号文章数据分析清单（近两周）

文章主题	阅读量	点赞量	互动率（点赞 / 阅读量）	热度评级
职场技巧	20000	500	2.5%	☆☆☆
情感故事	10000	200	2%	☆☆

热门主题清单：

热门主题锁定：职场类完胜，阅读量是情感类的2倍，互动率高出25%。

爆款潜质选题：

职场效率提升技巧：叠加职场场景+数据化表达。

情感共鸣小故事：优化互动+情感植入

3.3.4 视频脚本参考器

在快节奏运转的自媒体领域中，创作者们常常为视频脚本设计感到头疼。灵感突然断流，叙事结构抓不住观众，风格与预期不符，这些问题让创作变得艰难。DeepSeek作为“视频脚本参考器”，凭借其强大的分析与生成能力，通过参考经典电影的风格、情节和情绪，快速为创作者提供个性化的脚本框架。无论是悬疑、搞笑还是情感类短视频，DeepSeek都能帮助自媒体从业者激发创意、提升内容吸引力，让作品在海量信息中脱颖而出。

本案例将展示如何利用DeepSeek作为“视频脚本参考器”，助力自媒体创作者参考经典电影设计新颖的短视频脚本，提升内容创意和观众黏性。自媒体短视频需要紧凑的叙事结构和吸睛的亮点，而DeepSeek可以通过分析指定电影（如《盗梦空间》）的风格、情节或情绪，生成符合创作者需求的脚本框架。例如，想制作悬疑类短视频的创作者，可以借助DeepSeek生成引人入胜的开场和高潮转折。为了确保输出精准，设计模板时需明确参考电影（如片名）、视频主题（如悬疑、搞笑）、时长要求（如60秒）和风格偏好（如紧张、轻松），让DeepSeek兼顾电影特色与创作需求。

【视频脚本参考器模板】参考电影+视频主题+时长要求+风格偏好

【案例1】

阿基是一名专注于悬疑类内容的短视频自媒体创作者，运营一个抖音账号。他最近计划制作一个60秒的悬疑短视频，希望吸引观众持续关注，但苦于灵感枯竭。他特别欣赏电影《盗梦空间》的多层梦境设计和紧张氛围，想以此为灵感打造新脚本。阿基希望DeepSeek能提供一个包含开场、转折和结尾的脚本框架，既保留紧张感，又适合短视频的快节奏特点。

【DeepSeek使用操作】

需求输入

作为视频脚本参考器，参考电影为《盗梦空间》，视频主题为悬疑，时长要求为60秒，风格偏好为紧张。请生成一个包含开场、转折和结尾的脚本框架。

DeepSeek输出

以下是基于《盗梦空间》风格设计的60秒悬疑短视频脚本框架：

开场（0—15秒）

场景：昏暗的房间，主角坐在桌前，手里捏着一张泛黄的照片。

旁白："我以为我找到了答案，可一切都像梦一样模糊。"

视觉效果：镜头快速切换，闪现破碎的梦境画面，营造不安氛围。

转折（15—45秒）

场景：主角走进一条迷宫般的走廊，墙上的时钟指针疯狂转动。

情节：主角发现一张与照片相同的画像，画像中的人突然睁眼，指着一扇暗门。

音效：急促的心跳声叠加低沉背景乐，紧张感拉满。

结尾（45—60秒）

场景：主角推开暗门，刺眼光芒涌出，镜头却切回开场——主角猛然惊醒。

旁白："是梦，还是现实？"

视觉效果：镜头拉远，主角再次拿起照片，眼神迷茫。

脚本建议：

使用快速剪辑和音效强化紧张感。

结尾留白，激发观众讨论和期待。

核心结论

叙事灵感：借鉴《盗梦空间》的梦境嵌套与悬疑设计，打造引人入胜的氛围。

节奏优化：60秒内紧凑布局开场、转折和结尾，符合短视频快节奏需求。

风格匹配：通过视听元素突出紧张感，完美贴合悬疑主题。

更多追问：

输入：我想让转折更紧张，能调整一下吗？

输出：调整后的转折（15—45秒）：

（镜头：主角醒来，门锁自动关闭，手机发出警报声）

旁白："我醒来，门锁死了，消息变成倒计时。我跑向窗外，却看到另一个我……"

需要再加特效建议吗？

输入：能为开场提供具体台词吗？

输出：开场具体台词（0—15秒）：

（镜头：昏暗房间，主角皱眉看手机）

独白："深夜11点，我收到一条消息：今晚入睡，你会知道真相。我点了删除，可它又弹出来……"

满意这个版本吗？

输入：结尾能不能更有悬念？

输出：调整后的结尾（45—60秒）：

（镜头：主角闭眼，屏幕渐黑，突然睁眼）

旁白："我再次睡去，可耳边传来低语：你真的醒了吗？"

（文字提示："下集揭秘！"）

这样够悬疑吗？"

总结

通过模板（参考电影 + 视频主题 + 时长要求 + 风格偏好），DeepSeek 为阿基设计了一个参考《盗梦空间》的60秒悬疑短视频脚本，成功融合紧张氛围和快节奏叙事，满足其创作需求。提示词设计聚焦灵感来源和创作约束，确保输出既有电影特色又符合短视频特点。此方法不仅适用于悬疑类脚本，还可拓展至其他自媒体场景，如参考动画设计儿童内容、参考纪录片设计科普视频，或参考喜剧设计搞笑短片，帮助创作者快速生成多样化脚本。

【案例2】

输入：参考电影为《星际穿越》，视频主题为科幻冒险，时长要求为90秒，风格偏好为震撼。

输出：

脚本框架：

开场（0—20秒）：（镜头：浩瀚星空）“地球资源耗尽，我被选中执行任务：寻找新家园。”

转折（20—70秒）：（镜头：飞船穿越虫洞）“我们进入未知星域，时间扭曲，队友消失……”

结尾（70—90秒）：（镜头：孤独星球）“我找到了希望，但代价是什么？”

备注：参考《星际穿越》的宏大叙事，震撼感强。

【案例3】

输入：参考电影为《疯狂的麦克斯》，视频主题为动作追逐，时长要求为45秒，风格偏好为狂野。

输出：

脚本框架：

开场（0—10秒）：（镜头：沙漠狂奔的车）“他们抢了我的车，我要夺回来！”

转折（10—35秒）：（镜头：激烈追逐，爆炸）“引擎轰鸣，子弹飞过，我只有一个目标……”

结尾（35—45秒）：（镜头：车停，尘土飞扬）“我赢了，但这只是开始。”

备注：参考《疯狂的麦克斯》的狂野节奏。

【案例4】

输入：参考电影为《当哈利遇到莎莉》，视频主题为浪漫喜剧，时长要求为60秒，风格偏好为轻松幽默。

输出：

脚本框架：

开场（0—15秒）：（镜头：咖啡馆）“我和他偶遇，他却说我点的咖啡太甜。”

转折（15—45秒）：（镜头：争吵到笑）“我们一路拌嘴，

却发现彼此离不开……”

结尾（45—60秒）：（镜头：牵手）“爱情，也许就从一杯咖啡开始。”

备注：参考《当哈利遇到莎莉》的轻松对话。

3.3.5 文案优化助手

在快节奏运转的自媒体领域中，自媒体人的内容创作瞬息万变，文案的风格和语气直接影响内容的传播力。无论是为抖音打造热情四射的短句吸引年轻人，还是为公众号撰写冷静理性的分析面向职场人士，抑或是为官网提供客观科学的介绍说服潜在客户，自媒体从业者都需要灵活调整文案以适配目标受众和场景。创作者们常常面临文案优化的难题：如何根据不同平台和受众快速调整语气与风格？手动改写不仅耗时费力，效果也难以保证。

这时DeepSeek作为“文案优化助手”，能快速分析原始文案，生成符合指定风格的优化版本，让内容在热情洋溢的社交媒体、冷静专业的公众号，或是客观科学的官网中脱颖而出；也能够根据用户需求快速优化文案，呈现热情、冷静、客观或科学等多种风格，确保内容既吸引人又贴合语境。例如，它能将一句简单的原始文案改编成多版本输出，助力创作者节省时间、提升作品在各平台的影响力。

以下将通过案例展示如何利用DeepSeek优化文案，并提供实用的模板，让创作更高效、更具吸引力！

【文案优化助手模板】原始文案+目标风格+受众群体+应用场景

【案例1】

小黑是一名科技类自媒体创作者，运营一个专注于科技产品的账号。他写了一条原始文案：“这款手机性能很强，值得买。”然而，他需要根据不同平台调整文案风格，因此他希望借助 DeepSeek快速生成三种风格的优化文案，提升内容在各平台的表现力，同时节省手动改写的时间。下面，我们将展示 DeepSeek 的实际操作与输出结果。

【DeepSeek使用操作】

需求输入

作为文案优化助手，请为我——一名科技类自媒体创作者，为新款手机推广，提供帮助。原始文案为：“这款手机性能很强，值得买。”请优化为三种风格：1.目标风格为热情，受众群体为年轻人，应用场景为抖音；2.目标风格为冷静，受众群体为职场人士，应用场景为公众号；3.目标风格为客观科学，受众群体为潜在客户，应用场景为官网。”

DeepSeek输出

嗨，小黑！以下是根据你的需求优化后的三种文案：

1.热情风格（抖音，年轻人）

这款手机性能炸裂！速度快到飞起，年轻人必入，买它准没错！

2.冷静风格（公众号，职场人士）

这款手机配备强劲性能，稳定高效，值得职场人士信赖与选择。

3.客观科学风格（官网，潜在客户）

经测试运行效率提升30%，为用户提供购买价值。

更多追问：

输入：抖音版本能更短、更抓眼球吗？

输出：性能爆棚！这款手机，年轻人的心动首选，买就完事儿！

输入：公众号版本能加入数据支持吗？

输出：这款手机配备最新处理器，实测性能提升20%，运行效率提升30%，为职场人士提供高效稳定的使用体验。

总结

通过设计的模板（原始文案＋目标风格＋受众群体＋应用场景），DeepSeek为小黑快速生成了热情、冷静和客观科学的文案版本，满足了抖音、公众号和官网的不同需求。模板的设计聚焦文案基础、语气调整、受众适配和场景匹配，确保输出多样化且高效实用。这种设计思路不仅适用于自媒体文案优化，还可拓展至广告宣传（如促销文案）、企业沟通（如邮件撰写）或教育推广（如招生宣传）等领域，帮助用户根据不同需求生成高质量文本，提升工作效率和传播影响力。

【案例2】

阿文是旅游圈里小有名气的旅游类博主，下周她将奔赴浪漫之都巴黎，为粉丝们带来一手的旅游攻略与精彩见闻。深知巴黎作为热门旅游地，观众期待值极高，阿文当下正全力筹备文案。可在反复打磨后，她总觉得文案的吸引力欠佳，难以精准抓住观众眼球。

她知道DeepSeek功能强大，能对文字进行优化，阿文决定借助其力量，期望在DeepSeek的助力下，让文案亮点十足，从景点介绍到游玩小贴士，都能更生动有趣，为粉丝开启一场未见巴黎、先感其魅力的线上之旅。

【DeepSeek使用操作】

需求输入

我是一名旅游博主，下周准备去巴黎，为我的粉丝带来一手的攻略与见闻，需要提前准备文案。我准备的文案是："巴黎，一生要来一次的城市。"请为我再优化两种风格的文案：1.浪漫唯美，受众为女性群体，发布在小红书平台；2.热情活泼，受众为年轻人，发表在公众号上。

DeepSeek输出

以下是针对你的需求，优化后的两种风格文案：

1.浪漫唯美风格（女性群体，小红书平台）

文案：

巴黎，是上帝写给世间的一封情书，

塞纳河畔的微风，埃菲尔铁塔的星光，

还有转角咖啡馆里飘来的香气……

这里的一切，都在诉说着浪漫与诗意。

如果你也向往一场关于爱与美的邂逅，

那么，巴黎，一定是你此生不可错过的梦境。

#巴黎旅行 #浪漫之城 #旅行日记

特点：

语言柔美，充满画面感，适合女性用户的情感共鸣。

加入表情符号，符合小红书平台的视觉风格。

关键词标签便于搜索和传播。

2.热情活泼风格（年轻人，公众号）

文案：

巴黎，不只是浪漫，更是疯狂与自由的代名词！

想不想在卢浮宫前拍一张“假装是艺术大师”的照片？

或者在蒙马特高地，和街头画家一起创作属于你的专属作品？

还有，千万别错过巴黎的甜品，每一口都是幸福感爆棚！

跟着我，一起解锁巴黎最酷、最有趣的玩法，

让你的朋友圈C位出道！

#巴黎攻略 #年轻人旅行 #玩转巴黎

特点：

语言轻松活泼，充满互动感，吸引年轻人关注。

强调“打卡”“拍照”“美食”等年轻人感兴趣的元素。

适合公众号的长图文形式，便于展开详细攻略。

希望这两种风格的文案能帮助你更好地吸引目标受众！如果需要进一步调整，可以随时告诉我。

【懒人版案例】

输入	输出
原始文案为“这个课程很有用”，目标风格为热情，受众群体为学生，应用场景为小红书和公众号。	小红书：同学们，这个课程超燃！学完直接开挂，考试轻松拿高分，快来一起冲！ 公众号：这门课太棒了！学生党速抢！

（续表）

输入	输出
原始文案为“我们的产品很稳定”，目标风格为冷静，受众群体为企业主，应用场景为职场社交平台。	我们的产品经过严格测试，提供稳定性能，是企业主值得依赖的优质选择。
原始文案为“这个方法能提高效率”，目标风格为客观科学，受众群体为专业人士，应用场景为白皮书，输出两组。	第 1 组：研究显示，该方法可将工作效率提升 25%，为专业人士提供经过验证的优化方案。 第 2 组：该方法通过优化流程与资源分配，显著提升工作效率，适用于多场景实践验证。

3.4 生活篇——让生活更舒适

在快节奏的现代生活中，我们总会被各种难题缠身：感情上的小摩擦、健康上的小隐患、饮食上的小纠结，还有心理压力带来的疲惫感。DeepSeek，这款强大的AI工具，专为优化你的生活体验而打造。它能通过智能分析，精准捕捉你的需求，提供个性化的贴心支持，让你轻松应对生活中的各种挑战，活出更健康、更和谐、更精彩的每一天！

这时候，DeepSeek就能化身为你的智能生活助手，扮演多种角色：感情问题调解员、智能健身管理师、饮食搭配顾问、食谱教学老师、冥想指导规划师，全方位助力你的生活升级。无论是修复感情、调理身体、优化饮食，还是舒缓压力，DeepSeek都能提供高效实用的解决方案，让你的生活更具幸福感，闪闪发光！

无论你是想搞定感情纠纷、找回健康活力、学会一道新菜，还是让内心平静下来，DeepSeek都能为你量身定制指导。操作简单，效果显著，让你在忙碌中也能享受生活的美好。让我们一起解锁DeepSeek的强大功能，看它如何成为你生活中的最佳伙伴。

3.4.1 感情问题调解员

在感情关系里，无论是伴侣、家人还是朋友之间，沟通不畅是引发矛盾的常见原因。双方往往因情绪激动，难以清晰表达自己的想法和感受，也无法有效倾听对方诉求。例如，夫妻间因家庭财务规划产生分歧，一方急切指责对方乱花钱，另一方则觉得自己辛苦工作却不被理解，双方各执一词，争吵不断，根本无法心平气和交流。感情问题调解员作为中立第三方，能引导双方有序表达，帮助彼此理解话语背后的情感需求，打破沟通壁垒，为解决问题创造条件。

那要如何让DeepSeek成为我们的感情问题调解员呢？

【感情问题调解员模板】问题类型+关系状态+目标

【案例1】

自由职业者，因工作关系，和女朋友暂时异地继而冷战，需要和女朋友和好。

【DeepSeek使用实操】

需求输入

我是一名自由职业摄影师，可能是最近异地的关系，女朋友和我一直冷战，我想要以一种比较轻松的方式和她修复关系，要怎么办呢？

DeepSeek输出

以下是你的感情问题分析与道歉信息：

分析：忙于工作再加上不在一起可能让女友感到被忽视，冷战反映了她的失望。建议表达歉意并承诺改变。

道歉信息：嘿，昨天我有点冲动，不是故意吵架。咱俩和好吧，这个周六我结束出差请你吃甜品怎么样？

建议：发送后耐心等回复，主动约她聊聊。

追问：如果她不回复怎么办？

输出：给她点空间，隔天再发简短信息，如“我知道你可能还在生气，我会等你，咱们慢慢聊好吗？

追问：能加点具体的相处计划吗？

输出：可以加一句：“周六吃完甜品，晚上一起看电影，周末去公园散步，你觉得行吗？”

追问：有什么沟通技巧建议吗？

输出：1.用“我”开头表达感受，如“我有点失落”；2.倾听为主，避免争辩；3.约定固定的沟通时间。

追问：如果她不回复怎么办？

输出：给她点空间，隔天再发简短信息，如“我知道你可能还在生气，我会等你，咱们慢慢聊好吗？”

…………

总结

通过不断地向DeepSeek提问，DeepSeek 为用户提供了温柔的道歉信息和实用建议，解决了冷战问题。设计思路聚焦情感分析与沟通优化，确保输出贴合需求。此设计思路可拓展至友情维护、亲子关系协调等场景，帮助自由职业者提升情感智慧。

【案例2】

珍珍是大三的在校生，现在在犹豫，大四是否要出国留学一年。她有一个谈了一年的男朋友，她想让男朋友支持她去留学，但是这样两个人就要面临1年的异国恋，珍珍很苦恼，不知道该怎么和男朋友谈。

【DeepSeek使用实操】

需求输入

我是一名大三的学生，想要明年出国留学，但是害怕男朋友不同意异国恋，要怎么办呢?

DeepSeek输出

决定出国留学是一个重要的选择，会涉及你的未来发展和个人生活。面对异国恋的担忧，以下是一些建议，希望能帮助你更好地处理这个问题：

1.明确自己的目标

自我反思：首先，明确你出国留学的动机和目标。问问自己，出国留学对你未来的职业发展和个人成长有多重要。

长期规划：考虑留学对你长期生活的影响，是否有助于实现你的职业和人生目标。

2.与男朋友坦诚沟通

表达你的想法：找一个合适的时机，坦诚地与男朋友分享你的留学计划和担忧。让他了解你的想法和感受。

倾听他的意见：认真听取他的看法和感受，了解他对异国恋的担忧和期望。

3.探讨可能的解决方案

保持联系的方式：讨论如何通过视频通话、社交媒体等方式保持联系，减少距离带来的影响。

定期见面计划：如果可能，提出定期见面的计划，比如假期或长周末。

共同目标：探讨你们是否有共同的目标和计划，比如未来是否有可能在同一个地方生活。

4.评估关系的稳定性

信任与支持：评估你们的关系是否建立在足够的信任和支持

基础上，是否能够承受异国恋的挑战。

共同成长：考虑你们是否能够在各自的发展中共同成长，而不是因为距离而疏远。

5.寻求外部支持

朋友和家人：向信任的朋友或家人寻求建议和支持，他们可能会提供有价值的观点。

专业咨询：如果感到困惑，可以考虑寻求情感咨询师的帮助，获得专业的建议。

6.做出决定

权衡利弊：在充分沟通和思考后，权衡出国留学和异国恋的利弊，做出最适合自己的决定。

尊重彼此的选择：无论最终决定如何，尊重彼此的选择，并努力维护关系的健康和幸福。

7.保持积极心态

面对挑战：异国恋确实会带来挑战，但也可以成为你们关系成长的机会。

珍惜当下：无论结果如何，珍惜你们在一起的时光，努力创造美好的回忆。

希望这些建议能帮助你更好地处理这个问题，祝你在留学和感情生活中都能找到平衡和幸福！

总结

DeepSeek通过7个方面，给出了珍珍一个更加完整的建议和思路，珍珍可以根据后续不断追问，来让DeepSeek给出更具有针对性的建议，帮助珍珍解决亲密问题中会出现的问题。

3.4.2 智能健身管理师

在自由职业者快节奏的生活中，健康管理常常被忙碌的工作挤到一边。久坐不动、缺乏锻炼成了常态，身体健康和工作效率双双受到影响。好消息是，DeepSeek这款强大的AI工具能够化身“智能健身管理师”，为自由职业者量身打造个性化的健身计划。不管你是想减脂塑形、增肌强身，还是提升柔韧性、缓解压力，DeepSeek都能根据你的需求和条件，快速生成既科学又实用的健身方案，让健康管理变得简单高效。有了DeepSeek的智能助力，自由职业者可以轻松养成健康习惯，让身体和事业齐头并进！

自由职业者往往因为久坐或时间不固定而忽视了锻炼，DeepSeek却能化繁为简，生成科学易行的健身方案，并跟踪你的进展。比如，为想减脂的人设计一套无需器械的训练计划。为了让输出更精准，我们设计了相关的模板，涵盖健身目标（如减脂）、时间限制（如每周3次）、设备条件（如家里可用资源）和健康状态（如久坐），确保方案既实用又贴合你的生活节奏。

【智能健身管理师模板】健身目标+时间限制+设备条件+健康状态

【案例1】

小李是一名自由职业插画师，每天久坐画画导致体重悄悄增加，健康亮起了红灯。她希望每周健身3次，每次45分钟，目标是减脂，但家里没有任何健身器械。她期待DeepSeek能为她设计一个简单易行、科学有效的健身计划，帮她重拾活力。

【DeepSeek使用实操】

需求输入

请作为智能健身管理师，为我（一名自由职业插画师）设计健身计划。健身目标为减脂，时间限制为每周3次，每次45分钟，设备条件为无器械，健康状态为久坐。

DeepSeek输出

嗨，小李！以下是为你量身定制的减脂健身计划，简单易行又高效：

周一：45分钟HIIT（高强度间歇训练）

开合跳（1分钟）+深蹲（1分钟）+登山者（1分钟），循环6次，剩余时间休息放松。

周三：45分钟核心训练

平板支撑（30秒）+仰卧起坐（20次）+侧卧抬腿（15次/侧），完成3组，休息5分钟。

周五：45分钟有氧运动

原地跑（15分钟）+跳跃运动（15分钟）+全身拉伸（15分钟），舒缓身心。

额外建议：每天走5000步，缓解久坐带来的僵硬。

小提示：需要动作示范视频或饮食搭配建议吗？随时告诉我！

追问：有动作示范链接吗？

输出：推荐视频网站上的“Fitness Blender”，搜索“no equipment HIIT”，简单易跟！

追问：如果觉得太累怎么办？

输出：别担心！可以把HIIT循环从6次减到4次，或者休息时间延长到15分钟，量力而行最重要。

追问：能加个热身计划吗？

输出：当然！热身5分钟：高抬腿（1分钟）+手臂环绕（1分钟）+侧身扭转（1分钟），重复一次，激活全身！

总结

通过精心设计的可套用模板（健身目标、时间限制、设备条件、健康状态），DeepSeek为小李量身打造了一个减脂健身计划，完美解决了久坐问题。它的设计思路紧扣健康需求与时间匹配，确保方案科学又实用。不止于此，这个模板还能轻松套用到瑜伽、跑步、增肌等场景，帮助更多自由职业者养成健康习惯。有了DeepSeek，健康管理不再是负担，而是提升生活质量的轻松助力，让你的身体和事业双双闪闪发光！

【懒人版案例】

输入	输出
增肌，每周 4 次，每次 1 小时，有哑铃，健康状态良好。	周一：哑铃深蹲 + 俯卧撑，4 组； 周三：哑铃划船 + 平板支撑，4 组； 周五：哑铃肩推 + 卷腹，4 组； 周日：休息或轻拉伸。 建议搭配高蛋白饮食哟！
目标为增强柔韧性，每周 2 次，每次 30 分钟，无器械，颈椎僵硬。	周二：颈部拉伸 + 猫式伸展，30 分钟； 周五：瑜伽下犬式 + 全身拉伸，30 分钟。 每天早晚轻转脖子，缓解僵硬！
减压，每周 3 次，每次 20 分钟，无器械，压力大。	周一：原地慢跑 + 深呼吸，20 分钟； 周三：全身拉伸，20 分钟； 周五：冥想 + 轻柔扭转，20 分钟。 试试睡前放松音乐吧！

3.4.3 饮食搭配顾问

在自由职业者快节奏的生活中，饮食管理常常是个难题——忙碌到没时间做饭，营养失衡让人疲惫不堪。DeepSeek化身“饮食搭配顾问”，为自由职业者量身打造健康饮食方案，让营养与生活无缝衔接，助力提升身体状态。无论是想减重、增肌，还是单纯追求均衡饮食，DeepSeek都能迅速给出科学又实用的建议。比如，为减重者设计一份低脂餐单，既简单易做又不失美味。有了DeepSeek的智能加持，忙碌的你也能轻松吃出健康，让生活更有活力!

针对这个场景，设计的模板聚焦饮食目标（如减重）、每日时间（如20分钟）、食材限制（如素食）和口味偏好（如清淡），确保输出既贴合需求又充满个性化。

【饮食搭配顾问模板】饮食目标+每日时间+食材限制 +口味偏好

【案例1】

晓晓是个写作者，每天忙着赶稿，饮食却一团糟。她想通过减重改善状态，但每天只有20分钟准备饭菜，还偏好素食和清淡口味。她希望DeepSeek能给出一周的饮食方案，让她既能瘦身又吃得舒服。

【DeepSeek使用实操】

需求输入

嗨，DeepSeek！请作为我的饮食搭配顾问，为我设计周一和周二的饮食方案。目标是减重，每天准备时间20分钟，食材限制是素食，口味偏好清淡。

DeepSeek输出

嗨，晓晓！为你量身打造了两天的素食减重方案，清淡又好做，保证你20分钟内搞定每一餐！看看吧：

周一：

早餐：燕麦粥+蓝莓（10分钟）

午餐：凉拌黄瓜+蒸红薯（15分钟）

晚餐：西蓝花炒蘑菇+糙米饭（20分钟）

周二：

早餐：豆浆+全麦面包（10分钟）

午餐：蒸南瓜+菠菜沙拉（15分钟）

晚餐：豆腐汤+紫薯（20分钟）

小贴士：每天喝够2L水，少油少盐，效果更好哟！

想聊聊吗：需要营养分析还是调整份量？随时告诉我！

输入：能给出一个营养分析吗？

输出：周一方案约700卡路里，蛋白质约20g，碳水约50g，脂肪约15g，完美适合减重！

追问：能换成低脂食材吗？

输出：没问题！西蓝花炒蘑菇换成低脂豆腐，糙米饭减半加点蔬菜，轻松低脂！

追问：早餐能再快点吗？

输出：当然可以！改成5分钟方案：即食燕麦+牛奶，微波炉一热就搞定！

总结

通过简单又强大的可套用模板（饮食目标、每日时间、食材限制、口味偏好），DeepSeek为晓晓献上一份减重饮食方案，既科学又贴心，让忙碌的自由职业者也能轻松吃出健康。这套方法还能灵活适配增肌餐单、儿童饮食等场景，助力提升生活质量。有了DeepSeek，饮食管理不再是负担，而是享受——智能、便捷、健康，通通拿下！

【案例2】

由于最近天气忽冷忽热，早晚温差比较大，佳佳不小心得了感冒，觉得浑身酸痛，没有什么胃口。但是不吃东西身体恢复得更慢，她需要每天用很短的时间来准备一些让她身体健康能够好转的食物。

【DeepSeek使用实操】

需求输入

希望你能作为我的饮食搭配顾问，为我设计1天的饮食方案。饭菜要有营养，有助于我的感冒好转，每顿饭菜的准备时间最长不要超过30分钟，目前没有什么胃口，偏好清淡的食物。

DeepSeek输出

好的！针对你目前感冒、胃口不佳且偏好清淡饮食的需求，我为你设计了一份1天的清淡营养饮食方案。这些饭菜易于消化，富含维生素和矿物质，有助于增强免疫力，促进感冒康复。每顿饭的准备时间控制在30分钟以内。

早餐：鸡蛋蔬菜粥

食材：大米50g、鸡蛋1个、胡萝卜半根、菠菜几根、姜片少许

做法：大米洗净，加水煮成粥（约20分钟），加入切碎的胡萝卜和姜片，煮5分钟，打入鸡蛋搅拌，最后加入菠菜，煮1分钟即可。

营养亮点：易消化，富含蛋白质和维生素A、C。

午餐：清蒸鸡胸肉配西蓝花

食材：鸡胸肉100g、西蓝花100g、姜片、蒜末、少许酱油

做法：鸡胸肉切薄片，用姜片和少许酱油腌制10分钟，西蓝

花焯水2分钟，鸡胸肉和西蓝花一起蒸10分钟，撒上蒜末即可。

营养亮点：高蛋白低脂肪，富含维生素C和抗氧化物质。

晚餐：番茄豆腐汤

食材：嫩豆腐100g、番茄1个、鸡蛋1个、葱花少许

做法：番茄切块，豆腐切小块，锅中加水煮开，放入番茄煮5分钟，加入豆腐，打入鸡蛋搅拌，最后撒上葱花即可。

营养亮点：清淡开胃，富含植物蛋白和维生素C。

额外建议

多喝水：每天喝约2L温水，可以加柠檬片或蜂蜜。

补充维生素C：多吃橙子、猕猴桃等水果，或喝柠檬水。

避免刺激性食物：如辛辣、油腻、过甜的食物。

希望这份饮食方案能帮助你快速恢复健康！如果有其他需求，可以随时告诉我。

【懒人版案例】

输入	输出
三餐，增肌，30 分钟，含肉，清淡。	早餐：水煮蛋 + 燕麦； 午餐：鸡胸肉 + 糙米； 晚餐：清蒸鱼 + 蔬菜……
三餐，营养均衡，15 分钟，素食，辣味。	早餐：辣豆浆 + 面包； 午餐：辣炒豆腐 + 米饭； 晚餐：麻辣蔬菜汤……
三餐，减压，20 分钟，无限制，甜味。	早餐：蜂蜜燕麦； 午餐：甜薯沙拉； 晚餐：水果拼盘 + 牛奶……

3.4.4 食谱教学老师

在快节奏的自由职业生活中，烹饪这样的实用技能往往被时间和精力所限制。DeepSeek作为“食谱教学老师”，为自由职业者提供了一个高效、贴心的解决方案。它能根据用户需求，快速生成详细的食谱教程，让他们在有限时间内掌握新菜式，提升生活乐趣与技能。无论是烹饪新手还是进阶爱好者，DeepSeek都能量身定制简洁实用的教学内容，让学习过程轻松有趣，助力生活品质的提升。

DeepSeek通过智能生成能力，帮助自由职业者获取个性化的食谱教程，紧跟生活需求，提升烹饪效率。在时间宝贵、工作节奏不固定的自由职业群体中，DeepSeek能根据具体要求输出步骤清晰的教学框架，让技能学习变得更高效、更具吸引力。

【食谱教学老师模板】菜式类型+难度等级+时间限制+教学形式

【案例1】

小环是一名职业顾问，平时忙于工作，鲜有时间钻研烹饪。她希望学会做意大利面招待朋友，提升生活品质。作为初学者，她需要在30分钟内完成，并希望得到详细的步骤列表指导。

【DeepSeek使用实操】

需求输入

作为食谱教学老师，为我（一名自由职业顾问）生成意大利面食谱教程。菜式类型为西餐，难度等级为初级，时间限制为30分钟，教学形式为步骤列表。

DeepSeek输出

嗨，小环！以下是你的番茄肉酱意面教程：

食材：意面100g、牛肉末100g、番茄酱50g、洋葱半个、橄榄油、盐步骤：

1. 煮沸水，加少许盐，放入意面煮8分钟（10分钟）

2. 热锅倒入橄榄油，炒洋葱至透明（5分钟）

3. 加入牛肉末炒熟，再放入番茄酱搅拌均匀（10分钟）

4. 捞出意面，拌入酱汁，装盘享用（5分钟）

提示：可撒少许黑胡椒提味。

提问：需要素食版本或视频参考吗？

【案例2】

阿彪是一名设计师，热爱烘焙，他想在40分钟内学会制作巧克力蛋糕，提升技能，为周末聚会准备惊喜。他有中级水平，希望得到步骤列表指导。

【DeepSeek使用实操】

需求输入

作为食谱教学老师，为我生成巧克力蛋糕食谱教程。菜式类型为甜点，难度等级为中级，时间限制为40分钟，教学形式为步骤列表。

DeepSeek输出

嗨，阿彪！以下是你的巧克力蛋糕教程：

食材：巧克力100g、面粉150g、鸡蛋3个、糖100g、黄油50g

步骤：

1.将巧克力隔水融化（5分钟）

2.打散鸡蛋，加入糖搅拌均匀（5分钟）

3.混入面粉和融化巧克力，搅拌成均匀面糊（10分钟）

4.倒入模具，放入预热至180℃的烤箱，烤30分钟（30分钟，含预热）

追问：有素食版本吗?

输出：素食版：将牛肉末替换为蘑菇丁，步骤不变，清淡又美味。

追问：能加配菜建议吗?

输出：推荐蒜蓉西蓝花：热锅加蒜末，炒西蓝花5分钟，清爽搭配意面。

追问：能简化步骤吗?

输出：简化版：意面煮熟后直接拌现成番茄酱，省略炒制，15分钟搞定。

总结

通过设计的模板（菜式类型、难度等级、时间限制、教学形式），DeepSeek为自由职业者提供了个性化的食谱教程，帮助他们在繁忙生活中快速掌握烹饪技能，提升生活品质。无论是西餐、甜点还是其他菜系，DeepSeek都能生成简洁实用的教学内容，让学习变得高效有趣。此方法还可拓展至烘焙、饮品制作等领域，进一步丰富自由职业者的生活体验，让他们在技能提升中找到更多乐趣！

3.4.5 冥想指导规划师

在快节奏的职业生活中，工作不确定性常常让从业者感到压力很大，甚至焦虑不安。DeepSeek作为“冥想指导规划师”，能为职场人士量身定制冥想计划，助力他们缓解压力、提升专注力，优化心理状态。有了DeepSeek的智能规划，他们可以轻松获取适合自己生活节奏和技能水平的冥想方案，将平静与效率融入日常，保持内心从容，工作更具创造力！

为了让DeepSeek输出贴合我们需求的冥想计划，这时就需要一个重点提示词模板来让DeepSeek清楚地知道我们的诉求。

【重点提示词模板】

冥想目标：明确冥想的目的，例如减压、提升专注力等。

每日时间：指定每天可用的冥想时长，例如10分钟。

经验水平：说明用户的冥想熟练度，例如初学者或中级。

环境条件：描述冥想场景，例如室内或户外。

这些关键词有助于确保计划科学、可执行，且与用户的生活节奏完美匹配。

【重点提示词设计思路】

冥想目标：锁定具体需求（如小杨的减压目标），让计划有的放矢。

每日时间：限定时长（如20分钟），方便用户无缝融入日常。

经验水平：匹配用户能力（如初学者），确保计划难度适中。

环境条件：考虑实际场景（如室内），让方案落地可行。

这个模板就像一个“冥想蓝图”，让DeepSeek帮我们生成高效又实用的内容。

【案例】

小杨是一名程序员，经常被工作压力困扰。他希望通过冥想减压，每天有10分钟时间进行冥想，他是冥想新手，只能在室内进行冥想。他期待DeepSeek为他设计一个一周的冥想计划。

【DeepSeek使用实操】

需求输入

我是一名程序员，请作为我的冥想指导规划师，为我设计一周冥想计划。我的目的是减轻压力，每天可以抽出10分钟的时间来进行冥想，我是个新手，只能在室内进行冥想。

DeepSeek输出

嗨，小杨！以下是为你量身打造的减压冥想计划：

小贴士：找个室内安静角落，播放轻音乐效果更佳。

日期	冥想内容	操作步骤
周一	呼吸冥想	坐直，闭眼，深吸气 5 秒，呼气 5 秒，重复 5 分钟，放松 5 分钟
周二	身体扫描	从头到脚感受身体，放松紧绷部位，10 分钟
周三	感恩冥想	回想 3 件感恩的事，感受内心平静，10 分钟
周四至周日	循环以上内容	按周一到周三顺序重复

追问：有播放的音频推荐吗？

输出：试试Spotify的“Calm Meditation”播放列表，搜索“10-minute relaxation”就行！

追问：压力还是大怎么办？

输出：每天多走10分钟，或者试试5分钟正念冥想，专注当下，效果翻倍。

追问：周末能加个特别计划吗？

输出：周末特别版：15分钟户外冥想，去安静公园，专注自然声音，超放松！

总结

通过重点提示词模板（冥想目标、每日时间、经验水平、环境条件），DeepSeek为小杨设计了一个简单有效的减压冥想计划，助力他优化心理健康。这套模板聚焦目标和可行性，不仅适用于减压，还能扩展到专注训练、情绪调节等场景，让程序员在忙碌中找到平静与灵感！

【懒人版案例】

输入	输出
目标为专注，15 分钟，中级，户外。	自然冥想：找个户外安静处，坐在树下，聆听风声，专注呼吸 15 分钟……
目标为睡眠，10 分钟，初学者，室内。	睡前冥想：躺下，深呼吸，想象平静湖面，10 分钟助你入眠……
目标为创意，20 分钟，中级，室内。	创意冥想：闭眼，想象色彩流动，激发灵感，20 分钟点亮思路……

3.5 出行篇——让出行更畅通

在快节奏的现代生活中，出行往往让人头疼不已。交通拥堵、路线不明、出行方式选择困难，这些问题总能轻易打乱我们的计划。但别担心，DeepSeek这款强大的AI工具来了！它专为优化出行体验而设计，凭借深度数据挖掘和智能算法，DeepSeek仿佛能读懂你的需求。它能化身为智能行程规划师、实时交通导航助手、旅行预算优化器、旅游文化查询器，甚至是出行朋友圈优化器，让出行变得轻松顺畅。有了DeepSeek的智能加持，你无须为出行烦恼，只需轻松出发，就能稳稳抵达目的地，所有难题都能迎刃而解！

3.5.1 智能行程规划师

DeepSeek通过智能算法，帮助用户快速规划出行行程，优化路线和时间安排。在出行场景中，合理规划是提升效率和体验的关键，但手动操作往往耗时且易出错。DeepSeek能根据用户需求，自动生成个性化行程方案、推荐最佳路线并提供实时建议，大幅提升出行效率。话不多说，我们实操起来吧！

【模板】出行目的+时间范围+目的地+兴趣偏好

【目标】个性化的行程规划，提升出行体验。

【案例1】

小红计划周末带家人去杭州旅行，时间为2天，想体验自然风光和美食。她希望 DeepSeek设计一份详细行程，包括景点、交通和餐饮推荐。

【DeepSeek使用流程】

用户输入：

作为智能行程规划师，请为我和家人设计行程。我们一家人想要放松一下去度假（出行目的），就利用周末两天的时间（时间范围），想去离家近的杭州玩玩儿（目的地），我们一家人很喜欢欣赏自然风光和品尝当地的美食（兴趣偏好），请帮我提供关于景点、交通和餐饮的建议。

DeepSeek输出：

小红，你终于有了休息的时间了，想用周末2天的时间来游览杭州，以下是杭州为期两天的行程：

Day1：

上午：西湖（自然风光），步行游览断桥和苏堤（9:00-11:30）。

中午：楼外楼（美食），推荐西湖醋鱼（12:00-13:00）。

下午：灵隐寺（自然与文化），公交K7直达（14:00-16:30）。

晚上：河坊街，尝小吃如葱包烩（18:00-20:00）。

Day 2：

上午：千岛湖（自然风光），高铁往返（8:00-12:00）。

中午：湖边渔家餐馆，尝鲜鱼汤（12:30-13:30）。

下午：返回杭州，漫步西溪湿地（14:30-17:00）。

交通：高铁到杭州东站，市内公交+步行。

提问：需要住宿推荐或预算建议吗？”

【案例2】

小黄计划出差3天到北京参加商务会议，希望DeepSeek规划一个详细行程，平衡工作与休闲，体验当地文化和美食。

【DeepSeek使用流程】

用户输入：

作为智能行程规划师，请为我（商务人士）设计行程。我需要出差3天到北京参加商务会议。（出行目的）时间为3天。（时间范围）目的地是北京。（目的地）我希望在工作之余体验当地文化和美食。（兴趣偏好）请帮我提供关于会议、交通和休闲的建议。

DeepSeek输出：

嗨，小黄！以下是为您精心设计的北京3天商务出差行程：

Day1：

上午：抵达北京，入住酒店（9:00—10:00）。

中午：全聚德，品尝北京烤鸭（12:00—13:00）。

下午：参加商务会议（14:00—17:00）。

交通：机场到酒店建议乘坐出租车或地铁（机场线转1号线）。

Day2：

上午：商务会议（9:00—12:00）。

中午：附近餐厅，快速享用便餐（12:00—13:00）。

下午：参观故宫，感受北京历史文化（14:00—17:00）。

晚上：王府井小吃街，尝试当地特色小吃如糖葫芦（18:00—19:30）。

交通：地铁1号线至天安门东站，步行至故宫。

Day3：

上午：商务会议（9:00—12:00）。

中午：老北京炸酱面，体验地道美食（12:00—13:00）。

下午：返回酒店，整理行李，准备返程（14:00—15:00）。

交通：酒店到机场建议乘坐出租车或地铁。

提问：需要会议时间调整、住宿推荐或预算建议吗？

【懒人版案例】

输入	输出
商务中转，南京停留 4 小时，快速体验城市特色，偏好历史文化。	方案：中山陵观光车游览（1 小时）→ 夫子庙小吃街鸭血粉丝汤（1 小时）→ 玄武湖快速漫步（1 小时）。
情侣约会，成都 1 日游，网红打卡，夜景，拒绝排队。	方案：IFS 熊猫雕塑打卡→ 几何书店下午茶→ 九眼桥夜景酒吧，全程打车避开拥堵。
雨天亲子游，厦门，室内，含亲子手工体验，时长 6 小时。	方案：科技馆探索（2 小时）→ 沙坡尾艺术区 DIY 陶艺（2 小时）→ 中山路闽南菜馆午餐。
健身旅行，青岛 3 日行程，每日 1 小时海滩运动，海鲜控。	方案：第 1 天栈桥晨跑 + 啤酒博物馆；第 2 天金沙滩冲浪 + 海鲜大排档；第 3 天崂山徒步 + 蒸汽海鲜晚餐。
跨城办事，武汉，上午汉口站会议，下午需到武昌访友，晚班机离开。	方案：地铁 2 号线直达会议点→ 户部巷午餐热干面→ 轮渡过江访友→ 光谷乘机场大巴。

总结

通过这两个案例，DeepSeek展示了其作为“智能行程规划师”的强大功能。它不仅为小红安排全家人的旅游方案，还周全地安排了小黄高效的商务会议日程。无论是旅行还是出差，DeepSeek都能根据您的需求生成实用、科学的行程方案，让您省时省心，享受更优质的出行体验!

3.5.2 实时交通导航助手

在快节奏的现代生活中，出行效率直接影响我们的工作和生活质量。面对复杂的交通状况和繁忙的日程安排，普通人往往难以快速选择最佳出行方式，尤其是在高峰时段或突发路况变化时。DeepSeek作为“实时交通导航助手”，通过实时数据分析和智能推荐功能，帮助用户轻松应对出行难题。它能根据用户的起点、终点、出行时间和个人偏好，快速生成多种交通方案，规避拥堵，让出行更高效、更省心。无论是日常通勤还是紧急赶路，DeepSeek都能为您量身定制最优路线，让时间管理变得游刃有余。下面我们将通过案例来展示如何让DeepSeek成为“实时交通导航助手”。

【模板】起点+终点+出行时间+偏好

【目标】个性化的交通方案，提升出行效率。

【案例1】

小李是一名职场白领，家住上海浦东，明天上午 8 点需要从家中赶往虹桥机场，参加一个重要会议。她希望DeepSeek能提供最快的交通方案，确保准时到达。

【DeepSeek使用流程】

用户输入：

作为实时交通导航助手，请为我提供交通方案，我需赶往机场。起点为上海浦东家中，终点为虹桥机场，出行时间为明天上午8点，越快越好（偏好）。

DeepSeek输出：

嗨，小李！以下是为您精心设计的最快交通方案：

方案：地铁

8:00—8:30：从家步行至浦东地铁站，乘地铁 2 号线至虹桥火车站（约 30 分钟）。

8:40—9:00：从虹桥火车站步行至 T2 航站楼（约20分钟）。

预计到达：9:00，留足登机时间。

注意：上午高峰可能延误，建议提前 5 分钟出门。

提问：需要备选方案或实时路况工具吗？

【案例2】

阿飞是一名博主，家住北京，明天上午9点需要从家赶往公司参加一个线上直播活动。他希望DeepSeek能提供最便宜的交通方案。

【DeepSeek使用流程】

用户输入：

作为实时交通导航助手，请为我提供交通方案。我从家中出发（起点），要去公司（终点）上班，出行时间为明天上午9点（出行时间），花费越少越好（偏好）。

DeepSeek输出：

嗨，阿飞！以下是为您精心设计的最便宜交通方案：

方案：公交

9:00—9:40：乘 K5 路公交，40 分钟到达，票价 2 元。

预计到达：9:40，留有 20 分钟准备直播。

注意：公交准点率高，适合预算有限的用户。

提问：需要更快捷的方案或实时公交信息吗？

【懒人版案例】

输入	输出
携带宠物，从杭州余杭家中出发，到西湖区宠物医院，计划今日 15:30 出发，要求舒适且允许带宠物。	方案：专车（宠物友好型）15:30–16:00：打车直达，30 分钟到达，费用 45 元； 注意：车内配备宠物安全带，提前 10 分钟预约可确保车辆消毒完毕。
轮椅使用者路线规划，深圳福田区到会展中心，今日 14:00 参会，需全程无障碍设施。	方案：地铁 11 号线（无障碍车厢）→ 会展中心 D 口有升降梯，全程预计 35 分钟。
学生党跨城方案，广州大学城到珠海长隆，预算 50 元内，接受混合交通。	方案：大学城专线 2 路（2 元）→ 广州南站城轨（36 元）→ 珠海公交 K10（5 元），总耗时 2.5 小时； 提示：凭学生证城轨享 8 折。
夜间紧急出行规划，凌晨 3 点出发，从重庆江北机场到解放碑，要求安全可靠。	方案：机场夜班巴士（03:10 班次）→ 牛角沱站转夜行出租车，全程 1 小时； 提示：同步记录司机电子工作证及车辆备案号。
带婴儿家庭出行，北京朝阳区和平西桥到儿童医院，9:30 前到达。	方案：使用打车软件打车（注意使用安全座椅）→ 医院 3 楼哺乳室导航，38 分钟到达； 提示：自动预约医院停车位避免排队。

总结

通过设计的模板（起点 + 终点 + 出行时间 + 偏好），DeepSeek展示了其作为“实时交通导航助手”的强大功能。它不仅为追求速度的小李提供了高效方案，还为注重节省开支的阿飞设计了经济实用的路线。无论是城市通勤、旅行规划还是紧急赶路，DeepSeek都能根据您的需求生成个性化、实用的交通方案，让您省时省心，享受更优质的出行体验！

3.5.3 旅行预算优化器

在快节奏的现代生活中，旅行是放松身心、探索世界的最佳方式之一。然而，预算有限常常让人望而却步，规划起来更是费时费力。DeepSeek作为一款专为旅行爱好者设计的“旅行预算优化器”，能够根据你的预算总额、旅行天数、目的地和优先项，智能分配交通、住宿、餐饮和活动费用，还能提供实用的省钱建议。有了DeepSeek的助力，你不仅能轻松规划出经济实惠的行程，还能让每一分钱都花得恰到好处，享受省心又精彩的旅行体验！

无论是短途周末游还是长途探险，DeepSeek都能通过智能算法，在有限预算内为你打造贴合需求的旅行方案，让规划更高效、旅行更愉快。按照下面的步骤，实践起来吧。

【模板】预算总额+旅行天数+目的地+优先项

【目标】个性化的预算分配方案，优化旅行体验，物超所值。

【案例1】

小花是一名热爱美食的年轻人，他计划去成都旅行3天，总预算2000元。作为一名“吃货”，他希望优先体验成都的美食文化，同时在交通和住宿上尽量节省开支。小花希望DeepSeek 能帮他优化费用分配，让这次旅行既满足味蕾又不超支。

DeepSeek使用流程

用户输入：

作为旅行预算优化器，请为我设计一份预算方案。我计划去成都旅行（目的地），总预算2000元（预算总额），旅行时间为3天（旅行天数），我特别喜欢美食（优先项），请帮我优化交通、住宿和美食的费用分配。

DeepSeek输出：

嗨，小花！以下是为你量身定制的成都3天旅行预算方案：

交通：往返火车票600元（300元/程，硬座经济实惠）。

住宿：快捷酒店2晚400元（200元/晚，性价比高）。

美食：优先分配800元（宽窄巷子火锅200元、小吃街300元、锦里美食300元）。

景点：宽窄巷子+锦里免费漫步，熊猫基地门票100元。

备用金：100元（应对意外开支）。

总计：2000元。

省钱建议：回程可尝试拼车节省50元，住宿选择淡季预订更划算。

更多追问

追问：有美食清单吗？

输出：当然！推荐：宽窄巷子尝龙抄手，小吃街吃三大炮，锦里试担担面。

追问：如果想参观杜甫草堂，预算怎么调整？

输出：杜甫草堂门票约50元，可用备用金100元支付，美食预算微调至750元，剩余备用金50元。

追问：住宿想升级到中档酒店呢？

输出：住宿升级至300元/晚（2晚共600元），美食预算调整为700元，备用金减至50元，总预算仍控制在2000元。

【案例2】

小艾计划周末去青岛游玩2天，总预算1000元，他希望优先游览景点，感受海滨风光，同时合理控制其他开支。

DeepSeek使用流程

用户输入：

作为旅行预算优化器，请为我设计一份预算方案。总预算1000元（预算总额），旅行时间2天（旅行天数），目的地青岛（目的地），我喜欢景点（优先项），请帮我优化费用。

DeepSeek输出：

嗨，小艾！以下是你的青岛2天旅行预算方案：

交通：往返车票300元（150元/程）。

住宿：经济型酒店1晚300元。

景点：优先分配300元（栈桥免费，崂山门票约300元）。

餐饮：100元（海鲜小吃为主）。

总计：1000元。

省钱建议：景点间步行或乘公交，餐饮选择路边摊更实惠。

提问：需要景点游览顺序建议还是餐饮推荐？

【懒人版案例】

输入	输出
家庭亲子游，总预算 5000 元，旅行时间 3 天，目的地三亚，优先亲子活动和舒适住宿。	方案：住宿费用约 2000 元（亲子型酒店）+ 市内交通费用约 800 元 + 餐饮费用约 1200 元 + 两个亲子活动费用约 1000 元；总费用约 5000 元。
极限穷游，总预算 800 元，旅行时间 1 天，目的地南京，优先选择性价比高的交通方案和免费景点方案。	方案：交通费用约 20 元 + 餐饮费用约 100 元 + 预留备用金 600 元 + 免费景点（中山陵 / 夫子庙，夜游秦淮河省门票）；总费用约 720 元。
蜜月旅行计划，总预算 1.8 万元，旅行时间 7 天，目的地北海道，优先浪漫体验。	方案：机票费用约 5000 元 + 住宿费用约 4000 元 + 餐饮费用约 2800 元 + 拍摄费用约 1500 元 + 其他花费约 3000 元；总费约用 16300 元。

（续表）

输入	输出
银发族养生游，总预算 3000 元，旅行时间 4 天，目的地昆明，优先养生项目以及慢节奏。	方案：交通费用约 600 元 + 民宿费用约 1500 元 + 餐食约 400 元 + 养生项目费用约 500 元；总费用约 3000 元。
商务差旅，总预算 6000 元，时间 2 天，目的地上海，优先展示高端形象，提高开会效率。	方案：交通费用约 1500 元 + 住高端酒店费用约 2000 元 + 餐饮费用约 1500 元 + 礼品费用约 1000 元；总费用约 6000 元。

总结

通过“预算总额+旅行天数+目的地+优先项”这一模板，DeepSeek为小花、小艾分别打造了个性化的旅行预算方案，既满足了他们的核心需求（美食、景点），又确保了预算的合理性和实用性。无论是短途美食之旅还是长途购物冒险，DeepSeek都能根据你的需求，智能优化费用分配，让旅行规划更省心、体验更精彩。让DeepSeek成为你的旅行预算助手，每一次出行都物超所值，充满惊喜！

3.5.4 旅游文化查询器

当我们要出门旅游时，了解并关注当地文化非常重要，这样你不再只是一个旁观者，一个过客，而是能真正与当地的历史、传统和人们的生活产生情感连接。每个地方的文化都有其独特的内涵和意义，事先关注和了解，可以避免因文化差异而产生的误解和冲突，也可以让我们看到世界的多样性，学会尊重和欣赏不同的生活方式、价值观和信仰，培养包容和开放的心态，使我们在面对不同文化背景的人时，能够更加理解和包容。这个时候，DeepSeek就可以化身为“旅游文化查询器”，让你更好、更快、更全面地了解目的地的文化，带你深度游。

【模板】目的地+出行日期+查询类型+详细程度

【目标】提供个性化的文化查询，提升旅行中的文化适应力和体验。

【案例1】

小杰计划于2025年3月10日前往日本东京旅行，对当地的习俗和可能遇到的文化现象不太了解。他希望DeepSeek提供简要的文化信息，帮助他避免失礼并更好地融入当地。

【DeepSeek使用流程】

用户输入：

作为旅游文化查询器，我今天去国外旅行，请为我提供文化信息。目的地为东京，出行日期为2025年3月10日，我想了解东京的习俗和当地独有的现象，条理简单一目了然，告诉我需要了解的细节。

DeepSeek输出：

嗨，小杰！以下是东京（2025年3月10日）的文化习俗和现象简讯：

习俗：

鞠躬礼：见面时轻轻鞠躬表示尊重，避免握手，除非对方主动。

公共安静：地铁和公交上保持低声，避免打电话。

鞋子礼仪：进入某些场所（如寺庙或传统餐厅）需脱鞋。

现象：

樱花季：3月可能正值初樱开放，街上会有赏花人群，注意避让拍照者。

便利店文化：24小时便利店（如7-11）随处可见，可随时购买热食。

建议：随身带小份现金，日本仍多用现金支付。

追问：给我特定礼仪示范的详情

输出：鞠躬礼示范：站直，双手自然下垂，身体前倾15-30度，持续1-2秒，表示问候。

追问：今天有节日活动吗?

输出：3月10日无大型节日，但樱花季可能有小型赏花活动，建议关注东京地方新闻。

【案例2】

小林计划2025年10月15日前往印度瓦拉纳西参加恒河夜祭，但对当地宗教礼仪和禁忌知之甚少，需深度了解以避免冒犯。

【DeepSeek使用流程】

用户输入：

作为旅游文化查询器，请为我（下周去瓦拉纳西）提供文化信息。目的地为瓦拉纳西，出行日期2025年10月15日，我需要掌握宗教礼仪和禁忌，要求详细解读。

DeepSeek输出：

嗨，小林！以下是瓦拉纳西（2025年10月15日）宗教文化深度指南：

核心礼仪：

1.恒河祭参与规范

女性需着长裙/纱丽遮盖肩膀、膝盖，男性穿素色棉质衣物

祭典时双手合十静立，禁止踩踏祭台台阶（视为亵渎）

2.火葬观礼禁忌

禁用相机拍摄火葬过程（可远观Manikarnika河坛）

女性不得靠近焚烧区（当地传统限制）

特殊现象：

达善仪式：晨间会有信徒用恒河水点额，可跟随僧侣手势模仿（勿主动触碰他人）

牛群特权：街道牛只不可驱赶，需绕行并低语“Namaste”示敬

日期关联事件：

10月15日适逢排灯节前夕，预计：18:00后全城点亮陶灯，避免穿黑色衣物（象征不祥），商铺提前关闭，建议14:00前采购必需品。

紧急预案：

如误触禁忌，立即双手合十鞠躬并说“Kshama kijiye”（请原谅），随后安静离开现场。

【懒人版案例】

输入	输出
目的地迪拜，2025.12.2 出行，查询类型为性别相关禁忌，详细程度中等。	禁忌：公共场合禁情侣牵手； 着装：商场需遮肩膝； 现象：斋月外可日间进食，但禁户外饮酒→携带披肩应急
目的地巴厘岛，2025 年 3 月出行，查询注意事项，要求简要。	静居日（Nyepi Day）：预计在 2025 年的 3 月 29 日开始，全天禁灯禁声； 限制：游客需酒店内活动； 准备：提前囤积瓶装水

（续表）

输入	输出
目的地挪威，北极圈，2025.11.30 出行，查询极夜期社交礼仪，详细程度高。	见面礼：握手持续 3 秒 + 微笑； 聊天禁区：避谈薪资 / 皇室； 现象：赠主人巧克力表感谢（禁送酒）
目的地摩洛哥非斯，2025.4.5 出行，查询手工艺交易潜规则，简明扼要。	砍价公式：报价 1/3 起谈； 禁忌：禁指清真寺； 现象：收薄荷茶必饮（拒饮 = 侮辱）
目的地肯尼亚马赛部落，2025.9.1 出行，查询摄影文化禁忌，中等详细。	摄影铁律：拍人先赠小物（笔 / 糖）； 绝对禁忌：手指指人； 现象：男子持杖 = 成年标志，勿触碰

总结

通过设计的模板（目的地 + 出行日期 + 查询类型 + 详细程度），DeepSeek为小杰和小林分别提供了东京和印度的文化习俗和现象简讯，帮助他们快速融入当地。无论是日本的鞠躬礼还是印度的达善仪式，DeepSeek都能根据您的需求生成实用、科学的旅游文化指南。它聚焦文化实用性与实时性，确保输出贴合出行需求，让您省时省心，享受更优质的旅行体验！

3.5.5 出行朋友圈优化器

本案例展示如何利用DeepSeek作为“出行朋友圈优化器”，帮助用户在旅行或日常出行中打造引人注目的朋友圈内容，提升社交互动体验。DeepSeek可根据用户的出行场景和个人风格，创作幽默或文艺的文案、推荐配图思路，并设计互动元素。例如，为海滩旅行照片配上搞笑文案，吸引点赞和评论。通过明确的提示词模板，DeepSeek确保输出内容既个性化又实用，增强分享的乐趣。

【模板】出行场景+情绪风格+内容类型+互动目标

【目标】生成个性化、有趣的朋友圈内容，提升社交分享的互动性和乐趣。

【案例1】

小亚刚从三亚旅行回来，拍了很多海滩照片，想发朋友圈分享开心心情，期待朋友点赞和评论。她希望DeepSeek 提供幽默的文案和配图建议。

【DeepSeek 使用流程】

用户输入：

我刚从三亚旅行回来，作为出行朋友圈优化器，生成朋友圈内容。出行场景为海滩游玩。（出行场景）我想让这个朋友圈营造一种开心且幽默的感觉。（情绪风格）有图片，有文字。（内容类型）希望能获得很多赞和评论。（互动目标）请给我提供文案和配图建议。

DeepSeek输出

嗨，小亚！以下是为你精心设计的海滩旅行朋友圈内容：

文案：

阳光、海浪、沙滩，我差点把自己晒成烤鱼！谁来评论一下，我这“人形海鲜”值几星？

配图建议：

主图：你站在沙滩上摆搞笑pose（如假装被浪冲走）。

副图：海滩日落配椰子树，突出度假氛围。

互动元素：

添加投票：“这趟旅行值几颗？”鼓励朋友评论和参与。

效果：

幽默文案搭配有趣姿势，轻松吸引点赞和吐槽。

提问：

需要更搞笑的版本还是其他景点文案建议？

更多追问

追问：有更搞笑的版本吗？

输出：海滩晒了一天，我现在是行走的咸鱼干，谁来给我翻个面？快点赞！

追问：能加点互动问题吗？

输出：文案末尾加："你们最爱的海滩活动是啥？评论告诉我！"

【案例2】

阿杰刚完成青海湖环线骑行，拍摄了沿途沙漠和湖泊的壮丽照片，想发朋友圈展示挑战成果，希望传递励志感并收获骑行同好的交流。

【DeepSeek使用流程】

用户输入：

我刚完成青海湖骑行，作为出行朋友圈优化器，生成朋友圈内容。出行场景为沙漠骑行挑战。（出行场景）情绪要热血励志。（情绪风格）需图片+视频。（内容类型）互动目标是获得骑行圈点赞和装备讨论。（互动目标）

DeepSeek输出

阿杰的骑行高光时刻

文案：

车轮碾过300公里风沙，晒脱皮算什么？

当盐湖倒映出我的车辙，才知道自由有形状！

骑行党速来集合→评论区晒你最疯的骑行战绩！

配图建议：

· 主图：骑行背影与沙漠公路延伸线（车架LOGO朝外）

· 视频：5秒加速剪辑（从沙丘俯冲+湖边挥手慢动作）

互动元素：

1. 发起话题：公路车VS山地车，你的战车是哪派？

2. 隐藏彩蛋：第88个点赞者送骑行水壶（文末提示："神秘福利进行中"）

更多追问

追问：有搞笑的版本吗？

输出：别人骑行是为了挑战自我，我骑行是为了证明——我的胃，连沙子都能消化！

追问：能加点互动问题吗？

输出：发起话题："如果你来沙漠骑行，最想带的装备是啥？"

【懒人版案例】

场景	输入	输出
通勤	疲惫，纯文字，引发评论	挤地铁的我，像罐头里的沙丁鱼，谁能救我脱离苦海？快评论你的通勤秘籍！
山顶徒步	兴奋，图文搭配，获点赞	文案：登顶啦！山顶的风比我还激动，点赞庆祝一下？ 配图：山顶自拍 + 云海景观。
品尝美食	和朋友一起的时光，美好幸福，纯文字	今天和朋友解锁了一家超赞的餐厅，每道菜都好吃到跺脚！
亲自露营	场景森林露营，情绪温馨，需九宫格，目标晒娃获夸	排版：孩子帐篷探脑 C 位 + 篝火特写 + 全家剪影； 文案：他把萤火虫叫星星快递员； 钩子：投票 萌娃 VS 萌宠谁更治愈
毕业旅行	场景西藏经幡，情绪治愈，需长图拼接，目标纪念青春	设计：拼贴车票 / 氧气瓶 / 转经筒； 文案：海拔 5000 米，青春没有高反； 彩蛋：评论扎西德勒解锁私藏星空照

【总结】

通过设计的模板（出行场景 + 情绪风格 + 内容类型 + 互动目标），DeepSeek为小亚生成了幽默有趣的三亚海滩朋友圈内容，既满足了她的开心心情，又提升了社交互动吸引力；而Deepseek

为阿杰生成了充满热血感觉的朋友圈内容，设计思路聚焦个性化与实用性，确保输出引人注目。此方法不仅适用于旅行分享，还可轻松扩展到日常出行、节日祝福等场景，让用户享受更优质的社交分享体验！

第 4 章

让 AI 帮你赚钱

——成为用 AI 赚钱的高手

AI 不仅是科技的前沿，更是一个充满机遇的“金矿”。越来越多的人已经开始利用 AI 技术实现财富增长，而你，也可以成为其中的一员。

有人通过制作 AI 课程，将自己的专业知识通过知识付费的模式变现；有人利用 AI 生成音乐，在创意领域开辟新的收入来源；还有人通过 AI 工具优化商业决策、提升效率，为企业创造巨大价值。这些真实的成功案例证明，AI 不仅是技术工具，更是实现财富自由的强大助力。

无论你是技术爱好者、内容创作者，还是创业者，AI 都能为你提供全新的赚钱思路。通过学习 AI 技术、掌握相关工具，并将其应用于实际场景，你完全可以在 AI 的浪潮中找到属于自己的机会。

从现在开始，加入 AI 的行列，探索它的无限潜力，成为用 AI 赚钱的高手！

4.1 AI+短视频变现之道

吃到AI红利的人：从0到万元的飞跃

2025年春节前夕，校园里弥漫着回家的喜悦。大三学生Bill却选择留在宿舍。作为计算机专业学生的他，平时喜欢刷抖音和微信视频号的内容，却从未想过这些平台能带来收入。直到有一天，他刷到一条AI生成的拜年视频：画面中红灯笼高挂，金龙腾飞，文案写着“新年大吉”，评论区却热闹非凡——“求教程”“怎么做到的”。那一刻，Bill脑海中灵光一闪：如果我也能用AI制作拜年视频，能否抓住春节的流量热潮赚一笔？

Bill没有犹豫，立刻行动。他下载了“豆包”和“文心一言”两款免费AI工具。用豆包，他生成了喜庆的春节场景图片，比如灯笼映红夜空、金龙盘旋云间；用文心一言，他创作了朗朗上口的祝福语，比如“龙年大吉，福满人间”。接着，他用“剪映”将这些素材剪辑成一条15秒的短视频，配上抖音热门的春节背景音乐，上传到抖音和视频号。

第一条视频发布后，Bill紧张地盯着后台数据。24小时内，播放量突破10万，点赞超过5000条。更令他惊喜的是，他在视频橱窗挂了一款坚果礼盒链接，竟卖出几十单，佣金直接入账8000元。整个春节，他一共发布了10条类似视频，总收入超过1万元。对于一个大学生来说，这简直是天文数字，也让他第一次感受到自媒体的变现潜力。

Bill的赚钱方式看似简单，却暗藏巧妙的设计，一起看看他的商业模式是怎样的。

商业模式拆解：流量与带货的完美结合

核心策略	流量分成：抖音和视频号会根据视频播放量支付创作者费用，播放量越高，收入越多。 带货佣金：通过橱窗链接推广年货商品，用户购买后他能赚取提成。
获利方式	他抓住了春节的情感和消费双重高峰，用 AI 打造出既有节日气氛又能激发购买欲的内容。例如，一条视频用 AI 生成春联背景，文案是“年味从春联开始”，链接挂上春联商品，转化率高得惊人。这种“流量 + 带货”的模式让他在短时间内实现了收益最大化。
成功的关键	1. 时机：春节是流量和消费的双重高峰，用户对祝福视频的需求激增。 2. 技术：AI 工具让创作高效简单。传统剪辑可能需要数小时，而他半小时就能完成一条视频。 3. 洞察：他深谙用户心理——过年不仅要热闹，还要实用。传统文化元素与商品推广的结合，既满足了情感需求，又刺激了消费欲望。

技术解密：AI 如何成为“魔法棒”	Bill 使用的工具并不复杂，却效果惊人： 豆包：输入关键词“春节灯笼”，几秒钟生成高清喜庆图片。 文心一言：输入“新年祝福”，输出文案如“福星高照，财运亨通”。 剪映：将 AI 生成的素材与音乐快速合成短视频。 他坦言：我不会设计也不会写文案，但 AI 让我像个专业创作者一样自信。这些工具免费且易上手，让零基础的他也能快速入门。
可复制性难易程度	可复制性：★★★★★（超高） 原因：AI 工具免费且操作简单，抖音和视频号的变现机制对新手友好。成功的关键在于选对时机和内容主题。
实战建议	1. 紧跟热点：节假日（如春节、端午节）或社会热点（如奥运会）是流量高峰，用 AI 快速产出相关内容。 2. 选择商品：推广与主题契合的商品，比如春节推年货、中秋节推月饼。 3. 持续尝试：多发布几条，找到爆款规律。Bill 笑着说：AI 就是我的外挂，谁用谁知道。

AI赚钱启示录：从兴趣到事业的启发

春节假期结束，Bill没有停下脚步。他开始研究更多热点话题，甚至考虑毕业后全职做自媒体。他说：“AI让我发现，赚钱其实没那么难，只要你愿意尝试。”他的故事就像一颗种子，种在了无数读者的心里。你，会是下一个用AI开启财富之旅的人吗？

4.2 AI+创意生成变现之道

2025年春节前夕，晓雯还是个忙于写毕业论文的大四学生。作为中文系的一员，她对传统文化情有独钟，尤其喜欢古诗词和姓名学。某天，她在抖音刷到一条起名服务直播，主播根据生辰八字为用户起名，直播间互动火爆，观众纷纷打赏。晓雯灵光一闪：如果我也做起名服务，会不会是个赚钱的好机会？但她很快意识到，自己虽然懂些理论，却不是专业命理师，复杂的八字分析让她望而却步。

就在这时，她偶然看到一篇关于AI文本生成技术的文章。念头一转：如果用AI辅助起名，既能融入传统文化，又能快速生成创意名字，岂不是完美解决方案？于是，她决定利用AI开启一场零成本的创业实验。

行动与成果：从创意到万元收入

晓雯迅速行动，选用AI工具（可能是ChatGPT或类似技术）作为核心“助手”。她设计了一个“高级套餐”服务：用户提供生辰八字和期望寓意，AI生成10个备选名字，每一个都附上五行分析和现代寓意解释。春节期间，她通过抖音直播和微信群推广，实时展示起名过程。

直播中，晓雯热情互动："这位朋友想要个吉祥的名字，我来试试！"她输入用户提供的生日日期和用户的期望："聪明、健康"，AI就能瞬间生成名字，比如"瑞泽"（寓意福泽深厚）和"慧心"（象征智慧与热情）。观众被这种高效又专业的服务吸引，订单接连不断。整个春节，她收入突破1万元，对一个学生来说，这无疑是一次成功的尝试。

商业模式：零成本的智能服务

核心策略	服务内容：提供个性化起名服务，AI 生成 10 个名字并附上详细解析。 收费模式：按次收费，用户支付后获得完整服务。 推广渠道：抖音直播和微信群，实时展示吸引下单。
获利方式	这个模式几乎零成本，AI 工具免费使用，晓雯仅需投入时间和精力，就能收获可观回报。
成功的关键	1. 抓住了市场需求：春节是起名高峰期，新生儿命名、企业开业等需求激增。 2.AI 赋能高效服务 :AI 快速生成名字，省去烦琐的人工分析，成本几乎为零。 3. 直播营销：通过直播展示服务过程，增强用户信任，同时吸引流量和订单。

用到的技术：AI 如何化繁为简	晓雯依靠 AI 文本生成工具（如 ChatGPT）打造服务： 操作流程：用户提供信息（如生日日期和期望），晓雯输入 AI 工具，几秒钟生成名字，再稍加润色交付。 技术优势：AI 不仅速度快，还能根据输入生成符合五行和寓意的名字，极大简化了起名过程。
可复制性难易程度	可复制性：★★★☆☆（中等） 原因：AI 工具操作简单，但成功需输出的名字有一定的美好含义和客户资源。提高输出内容的新颖度，客户资源保障订单量。
实战建议	1. 融入传统文化：学习汉字的独特含义，提升服务专业感。 2. 差异化服务：提供多种套餐（如基础版、高级版），满足不同用户需求。 3. 社交媒体推广：在抖音、小红书等平台直播或发帖，展示服务过程，吸引客户。

AI赚钱启示录：从学生到创业者的启示

春节的成功让晓雯信心大增。她计划将服务扩展到企业起名、宠物起名等领域。她感慨：“AI让我发现，创业并不遥远，只要有创意和行动力就够了。”她的经历证明：在AI时代，零成本创业触手可及。你，准备好用AI开启自己的名字魔法了吗？

4.3 AI+定制化服务变现之道

2025年春节前夕，王明兴坐在电脑前，思考如何抓住节日商机。作为一名设计师，他注意到每年春节，用户对个性化头像和壁纸的需求激增：个人希望在社交媒体上焕然一新，企业则想借节日推广品牌。然而，传统手工设计耗时长、效率低，难以应对短时间内的大量订单。正当他苦恼时，一篇关于AI图像生成技术的文章映入眼帘。灵感瞬间点燃：如果用AI快速生成定制化设计，不仅能满足客户，还能大幅提升效率。于是，他决定用AI开启一场春节创业实验。

行动与成果：从创意到100000元的飞跃

王明兴迅速行动，选用Midjourney和Stable Diffusion两款AI工具，并搭配ControlNet进行细节调整。他为个人用户设计了春节主题头像，如融入龙年元素、福字和鞭炮的卡通形象；为企业客户定制品牌化壁纸，将Logo与节日元素融合，打造喜庆又专业的设计。春节期间，他的订单异常火爆。个人用户争相订购独一无二的头像，企业客户则被他的快速交付和高品质吸引，订单接连不断。短短几天，他收入突破10万元，这一成绩让他既惊喜又坚定了信心。

商业模式拆解：按需收费的灵活获利

核心策略	个人用户：提供个性化头像和壁纸，按件收费。用户可选择预设模板或提交自定义需求，AI 快速生成设计。 企业客户：提供品牌化服务，结合企业 Logo 和春节元素设计专属壁纸，按项目收费，用于推广或员工福利。
获利方式	这种“按需收费”模式灵活适应了不同客户，既覆盖大众市场，又挖掘了高价值的 B 端收入
成功的关键	1. 抓住了春节需求：节日期间，个性化设计需求暴涨，他精准抓住了这一需求点。 2.AI 赋能高效设计：利用 AI 工具，他能在几小时内完成传统设计师数天的工作，满足多样化需求。 3. 精准定位企业客户：主动开拓企业市场，通过品牌化服务提升客单价，拓宽收入来源。
用到的技术：AI 如何化繁为简	王明兴依赖以下技术打造服务： Midjourney：输入关键词如“春节龙年头像”，快速生成创意十足的设计。 Stable Diffusion+ControlNet：通过 ControlNet 精确调整细节，如 Logo 位置和风格，确保品牌与节日元素无缝融合。 流程：客户下单后，他根据需求输入关键词，AI 生成初稿，再微调后交付，整个过程高效流畅。

可复制性难易程度	可复制性：★★★☆☆（中等） 原因：AI 工具操作简单，但成功需一定设计感和客户资源。设计感提升作品吸引力，客户资源保障订单量。
实战建议	1. 提前准备：节假日前设计好主题模板，缩短交付时间。 2. 主动营销：联系企业或网红，提供定制服务，争取大单。 3. 学习技术：熟悉 Midjourney 和 Stable Diffusion，尤其是 ControlNet，能显著提高设计质量。

AI赚钱启示录：从节日到全年的启示

春节的成功让王明兴看到更多可能。他计划将这一模式扩展到其他节日，如情人节、端午节，甚至为企业提供日常品牌设计服务。他说：AI让我发现，创意和生意原来可以这么简单。他的故事证明：在AI时代，只要抓住需求、善用技术，普通人也能书写属于自己的商业传奇。你，准备好尝试了吗？

4.4 AI＋知识付费变现之道

2025年的一个夏夜，窗外蝉鸣阵阵，知识博主李明（化名）坐在书桌前，手边放着一杯凉茶，屏幕上跳动着最新的AI技术资讯。作为一名深耕内容创作多年的博主，他敏锐地察觉到一股热潮正在席卷中国：AI技术正以前所未有的速度渗透各行各业，而知识付费的兴起让人们愿意为实用技能掏腰包。那一刻，一个大胆的想法在他脑海中浮现——如果将AI的实用技能打包成课程，通过知识付费的方式分享给大众，会不会是一次成功的尝试？

李明决定赌一把。他要打造一门“DeepSeek副业技能”课程，帮助普通人掌握AI工具，开启副业赚钱的可能。

行动与成果：从创意到200000收入

李明没有浪费时间。他迅速设计课程内容，聚焦AI数字人制作、PPT自动生成等实用技能，确保学员能学以致用。课程采用社群学习模式：不仅提供录制的视频教程，还搭建了一个专属社群，学员可以与他实时互动，解决学习中的难题。

推广方面，李明选择社群营销。他在抖音和小红书上发布短视频，展示如何用DeepSeek在几分钟内生成精美PPT，标题抓人眼球："AI帮你5分钟搞定老板要的汇报！"视频迅速走红，评论区挤满了咨询课程的用户。课程上线仅4天，就吸引了4000人付费加入，每人49.9元的定价带来了近20万元的收入。李明看着后台激增的数字，忍不住感叹："AI和知识付费，真是天作之合！"

商业模式：社群课程的盈利之道

核心策略	服务内容：提供 AI 副业技能培训，包括 AI 数字人制作、PPT 自动生成等实用内容。 收费模式：一次性付费加入课程，附赠社群服务支持。 推广渠道：通过抖音、小红书短视频和微信社群推广，快速触达目标用户。
获利方式	这种模式不仅成本低（主要是时间投入），还通过社群的互动性增强了用户黏性，让学员觉得"物超所值"。
成功的关键	1. 抓住了 AI 热潮和知识付费的趋势：2025 年，AI 普及和知识付费市场双双爆发，他精准踩中了风口。 2. 提供实操性强的课程内容：课程直击用户痛点，比如"如何快速做出专业 PPT"，实用性让用户愿意买单。 3. 利用社群营销快速扩大影响力：短视频引流 + 社群互动，形成了裂变式传播，4 天内吸引 4000 人。

用到的技术：AI 如何化繁为简	李明的课程核心离不开 AI 工具的支持，尤其是 DeepSeek： DeepSeek 的应用：他用 DeepSeek 演示 AI 数字人制作和 PPT 自动生成的全过程，让学员直观感受 AI 的效率。 技术优势 :DeepSeek 不仅生成速度快，还能根据输入调整内容风格，非常适合教学演示。
可复制性难易程度	可复制性：★★★☆☆（中等） 原因：这个模式需要一定的专业知识（对 AI 工具的熟悉）和教学能力，但 AI 课程的市场需求旺盛，为尝试者提供了广阔空间。
实战建议	1. 紧跟 AI 热点：关注 AI 领域的热门话题，比如生成式 AI、数字人技术，设计用户感兴趣的内容。 2. 注重实用性：课程要解决用户的实际问题，比如提升工作效率或副业赚钱。 3. 善用社群：通过短视频引流，建立社群增强用户互动和口碑传播。

AI赚钱启示录：从博主到教育者的启示

4天的成功让李明看到了更大的可能性。他计划推出更多AI技能课程，甚至考虑打造一个AI教育品牌。他感慨道：AI不仅改变了我的职业轨迹，也让我发现知识付费的巨大潜力。

李明的故事告诉我们：在AI与知识付费交汇的2025年，机会无处不在。只要你有一颗敏锐的心和行动的勇气，就能用AI点燃自己的财富梦想。你，准备好加入这场热潮了吗？

4.5 AI+跨境电商变现之道

2025年的广州，服装批发市场的喧嚣声中藏着无数创业者的梦想。林晓（化名），一位经营时尚女装的小店主，却陷入了困境。她的跨境电商店铺已在Amazon和Shopify上运营一年，主打欧美市场，但销量始终低迷。客户反馈一针见血：产品描述翻译生硬，像机器直译，缺乏吸引力；请专业翻译又贵得让她望而却步。

某天，林晓在刷小红书时看到一篇帖子，介绍如何用DeepSeek生成多语种文案。她灵光一闪：如果AI能帮我写出地道的外文描述，会不会让海外买家更愿意下单？带着一丝希望，她决定用AI为自己的小店打开新局面。

行动与成果：从语言瓶颈到转化率腾飞

林晓迅速行动，下载了DeepSeek这款AI文本生成工具。她输入产品信息，比如“春季风衣，轻薄防水，经典trench设计”，并指定目标语言。几秒钟后，AI生成了流畅的文案：

英语：“A lightweight, waterproof trench coat with

timeless style."

法语："Un trench-coat léger et imperméable au style intemporel."

西班牙语："Un gabardina ligera e impermeable con un estilo clásico."

她将这些文案更新到产品页面，并优化了社交媒体广告。结果令人振奋：不到一周，海外订单量激增，转化率提升了近50%。客户留言中多了"描述很吸引人""终于看懂了"的好评。林晓的小店从边缘玩家一跃成为市场黑马，她激动地说：AI让我一个小卖家也能跟世界对话！

商业模式拆解：多语种文案的跨境利器

核心策略	使用 AI 生成多语种产品文案和推广内容，覆盖英语、法语、西班牙语等多语种国家市场。
获利方式	通过提升产品页面和广告的吸引力，增加跨境电商平台的销售转化率和订单量。
成功的关键	1. 抓住了语言痛点：跨境电商中，语言不通是买家犹豫的主要原因，她用 AI 精准破局。 2. 高效低成本：AI 工具生成文案速度快、质量高，相比人工翻译节省了大量时间和费用。 3. 精准定位市场：她根据目标市场的文化和消费习惯优化文案，提升用户体验和购买意愿。

用到的技术：AI 如何化繁为简	林晓依赖 DeepSeek 等 AI 文本生成工具： 功能：输入中文描述和目标语言，生成自然流畅的多语种文案。 应用：用于产品详情页、社交媒体广告和客户邮件，确保内容地道且吸引人。
可复制性难易程度	可复制性：★★★★★（高） 原因：技术门槛低，AI 工具免费或成本低廉，成功关键在于市场定位和运营策略。
实战建议	关注趋势：研究跨境电商热门市场（如欧美、东南亚），选择潜力品类。 优化内容：用 AI 生成多语种文案，确保描述清晰且符合当地文化。 数据驱动：根据销售数据调整文案和推广方式，持续提升效果。

AI赚钱启示录：从小店到全球的启示

这次成功让林晓信心大增。她计划用AI优化更多产品线，甚至探索视频推广。她感慨：AI让我发现，跨境电商并不遥远，小店也能有大梦想。

林晓的故事证明：在2025年的AI时代，语言不再是跨境电商的障碍，技术让普通卖家也能迈向全球市场。你，准备好用AI开启自己的国际征程了吗？

4.6 AI+品牌营销变现之道

2023年的一个冬日午后，阳光透过窗户洒在设计师“土豆人”的工作台上。这位在设计圈小有名气的独立创作者，正为自己的事业瓶颈苦恼。作为一名视觉设计师，他擅长创意，却常常因时间紧迫无法满足客户对新奇概念的需求。某天，他在浏览设计社区时，看到一组用Midjourney生成的艺术图像，画面精美、创意十足。他突发奇想：如果用AI快速生成广告创意，会不会让品牌方眼前一亮？怀着试试看的心态，他决定用AI为自己的设计生涯注入新的可能性。

行动与成果：从创意试水到商单暴涨

“土豆人”可能选择了Midjourney作为创意实现的主要武器。他以麦当劳为灵感来源，构思了一个“麦麦博物馆系列”：将巨无霸、薯条等经典产品想象成博物馆珍藏品，配以复古油画风和奇幻场景。他输入关键词如“麦当劳博物馆”“古典艺术”，AI迅速生成了令人惊叹的图像：一个巨无霸汉堡被玻璃罩保护，旁边是金光闪闪的薯条雕塑。

他将这些作品发布到微博和Behance，标题写着："麦当劳要是开博物馆，会长这样吗？"帖子很快火了，网友惊呼"太有创意了！"几天后，麦当劳市场团队主动联系他，基于这一概念合作开发广告项目。结果，他的商单报价从几千元飙升至数万元，翻了十余倍，彻底改变了他的职业轨迹。

商业模式拆解：AI驱动的品牌创意变现

核心策略	利用 AI 生成独特广告作品，吸引品牌合作。
获利方式	通过与品牌方签订商单，收取高额创意设计费用。 这种模式以低成本、高效率的方式满足了品牌对创新内容的需求，让他在设计市场中迅速崭露头角。
成功的关键	1. 抓住了品牌营销对创新的需求：他敏锐洞察到品牌渴望突破常规的创意，用 AI 提供了新鲜视角。 2. 利用 AI 快速产出 :AI 工具让他在短时间内生成高质量方案，成本远低于传统设计流程。 3. 精准定位品牌需求："麦麦博物馆"系列不仅创意十足，还完美契合麦当劳的品牌形象，促成了合作。
用到的技术：AI 如何点燃创意火花	"土豆人"依赖 Midjourney 等 AI 图像生成工具（具体未明确，推测为此类技术）： 功能：输入关键词和风格描述，生成符合主题的高质量图像。 应用：从概念构思到视觉呈现，AI 大幅提升了创作效率和品质。

可复制性难易程度	可复制性：★★★☆☆（中等） 原因：需要一定的设计感和市场敏感度，但 AI 工具操作简单，降低了技术门槛。
实战建议	关注品牌趋势：研究品牌营销热点，如节日活动或文化主题。 善用 AI：掌握 Midjourney 等工具，尝试生成独特视觉内容。 主动展示：将作品分享到社交平台或直接推送给品牌，争取合作机会。

AI赚钱启示录：从独立设计师到品牌新宠的启示

这次成功让“土豆人”声名鹊起。他不仅与麦当劳建立了长期合作，还吸引了更多品牌抛来橄榄枝。他感慨：AI让我从一个普通设计师变成了品牌创意合伙人。

他的故事证明：在当今AI时代，创意与技术结合能为普通人打开通往品牌营销的大门。你，准备好用AI创作自己的广告传奇了吗？

4.7 AI+广告设计变现之道

2023年的一个夏日午后，北京一间狭小的工作室里，野菩萨团队的三位成员——导演小野、剪辑师阿哲和技术达人小凯——围坐在一台老旧桌子旁，桌上堆满了外卖盒和咖啡杯。这个年轻的团队怀揣着在广告行业大干一场的梦想，却总是被传统视频制作的高成本和冗长周期拖住脚步。

某天，小野在刷科技论坛时，看到一篇关于AI视频生成工具的帖子，Runway和Google Veo 2能将文字创意迅速转化为动态画面。他灵感如火花迸发：如果用AI打造一个广告片，会不会彻底打破常规？团队成员听后兴奋不已，当即决定挑战国内首个AI广告片的创作，用技术为他们的野心加速。

行动与成果：11小时铸就6位数商单

野菩萨团队迅速投入行动，构思了一个名为《探》的广告片，主题是“探索未来的未知领域”。他们将创意脚本输入AI工具：

“夜幕下的未来城市，天空悬浮着发光球体，镜头掠过摩天大楼。”

“一个少年仰望星空，眼底映出科技与星辰的光芒。”

AI生成了震撼的画面：光球在夜空中舞动，镜头流畅穿梭于高楼间，少年的眼神充满未来感。团队再用剪辑软件调整节奏、配上大气电子乐，从创意到成片仅用了11小时。

他们将《探》上传至抖音和“B站”，并主动联系品牌客户。视频凭借超现实的视觉效果和高效制作迅速爆红，评论区炸开：“这也太酷了！”“AI做的？我惊了！”几天后，一家高端科技品牌抛来合作邀约，以六位数报价签下《探》作为品牌宣传片。这不仅是中国首个AI广告片的诞生，也让野菩萨团队从默默无闻一跃成为行业焦点。

商业模式拆解：AI驱动的高效创意变现

核心策略	利用 AI 工具快速制作高质量广告片，满足品牌需求。
获利方式	通过与品牌方签订商单，收取高额制作费用。 这种模式以超高效率和创新性打动客户，让团队在短时间内实现了从创意到财富的飞跃。

成功的关键	1. 抓住了广告行业对创新和效率的需求：他们敏锐洞察到品牌渴望快速交付且新颖的内容，AI 恰逢其时。 2. 利用 AI 大幅缩短制作周期：从创意到成片仅用了 11 个小时，成本远低于传统流程。 3. 精准定位高端品牌客户：《探》的科幻风格和高品质吸引了对创意要求极高的科技品牌，促成高价值合作。
用到的技术：AI 如何点燃影像创意	野菩萨团队依赖 Runway 和 Google Veo2 等 AI 视频生成工具（具体未明确，推测为此类技术） 功能：将文字脚本转化为动态画面，支持风格调整和细节优化。 应用：AI 生成核心素材，团队负责后期剪辑和音效，整个流程高效无缝。
可复制性难易程度	可复制性：★★★☆☆（中等） 原因：需要一定的视频制作经验和市场敏感度，但 AI 工具操作简单，降低了技术门槛。
实战建议	1. 关注行业趋势：研究广告市场的热点需求，如科技感或情感化叙事。 2. 善用 AI：熟悉 Runway 等工具，尝试生成创意视频。 3. 主动出击：将作品展示给品牌客户，争取商单机会。

AI赚钱启示录：从边缘团队到行业先锋的启示

《探》的成功让野菩萨团队声名大噪。他们不仅接到了更多品牌合作，还计划将AI创作经验分享给同行。小野感慨：AI让我们从普通创作者变成了广告行业的风暴中心。

这个故事证明：在当今AI时代，技术与创意结合能为普通团队打开商业应用的大门。你，准备好用AI创作自己的广告传奇了吗？

4.8 AI+产品开发变现之道

2024年的一个夏日夜晚，Blake Anderson坐在加州伯克利大学的宿舍里，窗外星空闪烁，屋内屏幕的光映在他专注的脸上。作为一名刚从计算机系毕业的学生，他对未来充满野心，却不愿走上传统的求职之路。某天，他在刷Instagram时，看到朋友们抱怨约会时的对话尴尬，或是对自拍颜值不够满意的吐槽。Blake灵感如电光石火：如果用AI开发工具解决这些日常痛点，会不会成为下一个爆款？他想起自己在校期间用ChatGPT写代码的经历，决定用AI打造两款应用：Rizz GPT（情感助手）和Umax（颜值管理工具），从宿舍开启创业冒险。

行动与成果：从创意到千万美元帝国

Blake迅速投入开发：

Rizz GPT：一款情感助手，用户输入场景（如“初次约会”），AI生成风趣或浪漫的对话建议，比如“她提到喜欢音乐，你可以说：‘那我们得组个乐队，你主唱我打鼓！’”

Umax：一款颜值管理工具，用户上传照片，AI分析面部特征并推荐发型、妆容，甚至生成优化后的虚拟形象。

他将应用上线到应用商店，采用订阅制（每月5.99美元）。推广靠社交媒体：TikTok上，他用Rizz GPT展示撩人金句；Instagram上，Umax的“颜值提升前后对比”视频火遍全网。结果令人瞠目：上线半年，用户数突破百万，年收入冲破千万美元。Blake从一名普通毕业生一跃成为AI创业界的耀眼新星。

商业模式拆解：AI驱动的细分市场掘金

核心策略	开发 Rizz GPT 和 Umax，分别瞄准情感交流和颜值管理的细分需求。
获利方式	通过用户订阅付费和应用内增值服务，构建高利润收入流。 这种模式以低成本切入市场，通过精准满足用户需求迅速积累付费用户。
成功的关键	抓住了情感和颜值管理的细分需求：他敏锐捕捉到年轻人在社交和外貌上的焦虑，开辟了市场蓝海。 利用 AI 快速开发：ChatGPT 等工具让他以极低的成本和时间完成应用开发。 精准定位用户痛点：两款应用直击用户核心需求，实用性和趣味性兼具，迅速赢得市场认可。
用到的技术：AI 如何化梦想为现实	Blake 依赖 ChatGPT 等 AI 工具： 功能：Rizz GPT 用 ChatGPT 生成对话建议，Umax 结合 AI 图像分析提供个性化推荐。 应用：从代码逻辑到功能实现，AI 贯穿开发全流程，高效便捷。

可复制性难易程度	可复制性：★★☆☆☆（低） 原因：成功需要较高的开发能力和市场洞察力，但 AI 工具简单易用，为入门者降低门槛。
实战建议	1. 关注细分市场：挖掘日常生活中的小众市场，如心理健康和兴趣学习市场。 2. 善用 AI：利用 ChatGPT 等工具快速开发原型，验证市场潜力。 3. 精准推广：通过社交媒体放大影响力，吸引早期用户群。

AI赚钱启示录：从毕业生到科技新贵的启示

Blake的千万美元收入不仅改变了他的生活，还让他成为AI创业的标杆。他计划开发更多AI工具，探索教育和健康领域。他感慨：AI让我发现，只要找对需求，普通人也能创造奇迹。

这个故事证明：在当今AI时代，技术与洞察结合能让毕业生也能成为百万富翁。你，准备好用AI打造自己的爆款应用了吗？

4.9 AI+视频服务变现之道

2024年4月的深圳，科技与创新的气息弥漫在街头巷尾。西羊石团队——由视频导演小西、技术爱好者羊羊和市场专家石头组成的年轻三人组——正聚在一间租来的小办公室里，讨论如何在视频服务市场分一杯羹。某天，小西在刷抖音时，看到政府文旅宣传片和企业广告的播放量激增，而个人培训视频也开始流行。他灵感迸发：如果用AI提供多样化的视频服务，会不会抓住这波需求热潮？团队一拍即合，决定成立一家AI视频公司，探索“三端并行”的商业模式。

行动与成果：半年盈利30万元的飞跃

西羊石团队迅速行动，利用AI视频生成工具（具体未明确，推测为Runway或类似技术）开发服务：

政府市场:为地方文旅部门制作宣传片，如“深圳夜景”或“古镇风情”。

企业市场:为中小企业制作广告视频，如产品介绍或品牌故事。

个人市场：为培训师和自媒体人制作教学视频，如“零基础学剪辑”。

他们以低成本、高效率为卖点，半年内接连完成数十个项目。从政府订单的稳定收入，到企业广告的高利润，再到个人培训的批量需求，团队收入来源多样化，最终实现半年盈利30万元。小西感慨：AI让我们从零起步，半年就站稳了脚跟。

商业模式拆解：三端并行的AI视频服务

核心策略	利用 AI 工具覆盖政府文旅宣传、企业广告和个人培训三大市场。
获利方式	通过按项目收费和批量服务获利，构建多渠道收入流。 这种“三端并行”模式以低成本切入垂直领域，通过精准满足不同客户需求实现盈利。
成功的关键	抓住了视频服务的多样化需求：他们敏锐洞察到政府、企业和个人对视频内容的不同需求，开辟多方市场。 利用 AI 快速产出：AI 工具让他们高效生成高质量视频，成本远低于传统制作。 精准定位多方市场：通过差异化服务拓宽收入来源，分散风险并提升利润。
用到的技术：AI 如何化繁为简	西羊石团队依赖 AI 视频生成工具（推测为 Runway 等技术）： 功能：将脚本转化为动态画面，支持风格调整和快速渲染。 应用：从创意生成到成品交付，AI 贯穿制作全流程，大幅提升效率。 “AI 就像我们的隐形员工，”小西说，“它让我们的创意飞得更快更远。”

可复制性难易程度	可复制性：★★★☆☆（中等） 原因：需要一定的视频制作经验和市场敏感度，但 AI 工具易用，降低了技术门槛。
实战建议	1. 关注视频趋势：研究政府、企业和个人的视频需求热点。 2. 善用 AI：熟悉 AI 视频工具，快速产出高质量内容。 3. 多方拓展：锁定多类客户，分散收入来源。

AI赚钱启示录：从深圳小团队到行业新秀的启示

半年30万元的盈利让西羊石团队信心大增。他们计划扩大规模，深耕更多垂直领域。小西感慨：AI让我们发现，视频服务也可以玩出新花样。

这个故事证明：在当今AI时代，技术与市场洞察结合能让小团队也能实现大突破。你，准备好用AI开启自己的视频服务传奇了吗？

4.10 AI+原创内容变现之道

2025年的一个夏夜，窗外蝉鸣阵阵，杨平（网名Yapie）坐在电脑前，手边放着一杯冰咖啡。作为一名程序员，他白天敲代码，夜晚却喜欢沉浸在音乐的世界里。尽管他热爱音乐，却苦于没有专业背景，作曲对他来说始终是遥不可及的梦想。直到有一天，他在技术论坛上看到一篇关于AI音乐生成的帖子，DeepSeek和MakeBestMusic等工具能让普通人轻松创作旋律。灵感如电光石火：如果我用AI生成音乐，发布到社交平台，会不会有人喜欢？带着好奇，他决定试一试。

行动与成果：从实验到18.6万播放量

Yapie迅速上手AI工具。他用MakeBestMusic生成了一段轻快的电子乐旋律，又用DeepSeek为它填上歌词，主题是“夏夜的微风”。不到一小时，一首完整的歌曲诞生了。他将成品上传到抖音，配上简单的动态背景，标题写着：“AI写的歌，你敢信？”

发布后，他并未抱太大期望。然而，24小时内，播放量飙升至5万，几天后更是达到18.6万。粉丝留言：“太好听了！”“AI也能这么有灵魂？”流量带来了收益：广告合作和粉丝打赏让他日均收入150元。对于一个业余尝试，这不仅是一次成功，更点燃了他的创作热情。

商业模式拆解：流量驱动的音乐变现

核心策略	内容生产：用 AI 生成原创音乐，发到各大社交媒体平台。
变现方式	通过平台流量分成、广告合作和粉丝打赏获利。 他抓住了短视频平台对新鲜内容的渴求，AI 生成的音乐以其独特性和高效性迅速吸引用户关注，流量自然转化为收入。
成功的关键	抓住了 AI 音乐的创新点 :AI 创作的独特性引发好奇，吸引用户驻足。 快速测试市场反应 : 他利用社交平台即时反馈，调整创作方向，确保内容受欢迎。 持续产出内容 : 通过定期发布，积累粉丝基础，为长期变现铺路。
用到的技术：AI 如何赋予旋律生命	Yapie 依赖以下工具打造音乐： MakeBestMusic: 输入风格（如电子乐、流行），生成旋律片段。 DeepSeek: 根据主题（如“夏夜”）创作歌词，增添情感。 流程 : 先用 MakeBestMusic 生成基础旋律，再用 DeepSeek 填词，最后稍作调整后发布。 “AI 让我从零基础变成创作者，”Yapie 说，“它把我的想象变成了声音。”

可复制性难易程度	可复制性：★★★☆☆（中等） 原因：需要一定的音乐感和市场敏感度，但 AI 工具操作简单，降低了创作门槛。
实战建议	1. 紧跟趋势：研究流行音乐风格，用 AI 生成符合潮流的内容。 2. 突出创意：尝试独特主题（如节日、情感），吸引用户眼球。 3. 持续优化：根据播放数据调整作品，找到爆款公式。

AI赚钱启示录：从程序员到音乐人的启示

这次尝试让Yapie发现，AI不仅是代码的延伸，还能点燃艺术的火花。他计划创作更多歌曲，甚至考虑推出专辑。他说："AI让我从敲代码的人变成了讲故事的人。"他的故事告诉我们：在AI时代，音乐创作不再是专业人士的专属，只要你有创意，就能用旋律敲开财富之门。你，准备好谱写自己的乐章了吗？

第 5 章

超前布局
你的 AI 未来

在科技飞速迭代的当下，AI 已深度嵌入生活与产业的肌理，成为推动时代前行的关键力量。如今，AI 机器人正从科幻设想逐步走进现实，在工业生产中高效作业，在服务领域崭露头角，虽尚未达大规模普及，但已展现出巨大潜力，未来有望全方位融入日常，成为得力伙伴。大行为模型（LAM）开启交互新篇，打破传统人机交互局限，赋予机器更自然、灵活的动作响应。自动驾驶技术也在稳步落地，从测试走向商用，不断拓展应用边界。AIGC 创作成果丰硕，文字、图像、音视频等内容源源不断产出，而 AGI 的探索虽任重道远，却也初现曙光。

接下来，让我们一同洞察这些前沿技术的现状与未来，为布局 AI 时代的美好未来做好准备 。

5.1 抓住关键点，超前布局AI

人工智能（AI）正以惊人的速度重塑我们的世界，未来 3-5 年将是技术突破与社会变革交织的关键窗口期。从工业革命到信息时代，每一次技术浪潮都带来了新的机遇与挑战，而 AI 无疑是当今最具颠覆性的力量。无论是 AI 机器人走进千家万户，还是自动驾驶重构城市交通，抑或是通用人工智能（AGI）的初步萌芽，未来的AI将不仅仅是工具，而是生活与工作的核心驱动。本章将围绕AI机器人、AI Agent、LAM（大行为模型）、自动驾驶以及AIGC与AGI等方向，畅想3-5年后可能出现的新技术与行业变革，并从此时做好未来布局AI 的准备。

5.1.1 AI机器人：从工业到日常

AI 机器人正从工业环境扩展到家庭、医疗和公共服务领域。

当前，家庭机器人如机器人吸尘器已普及，研究显示，到2028-2030年，机器人可能执行更复杂任务，如清扫、提醒日程和准备晚餐。医院中的手术机器人如 Intuitive Surgical的da Vinci系统已提升手术精度，预计未来将继续优化。物流领域，无人配送机器人如Starship Technologies的产品已开始运营，市场预计到2030年将增长显著。

技术支撑方面，Boston Dynamics的Spot用于工业检查，具备穿越复杂地形的能力，当前可携带红外相机和激光扫描仪。Tesla的Optimus仍在开发，计划2025年开始有限生产，目标是执行工厂任务，未来可能扩展到家庭服务。行业变革包括医疗效率提升、物流全自动化和家庭服务新市场形成。2030年，机器人可能具备情感识别能力，陪伴老人或担任智能家教，这一预测基于当前情感识别研究的最新进展。

机器人现在和未来的使用场景对比表

领域	当前状态	未来预测（2028-2030）
家庭机器人	部分任务如清扫已实现	清扫、提醒日程、准备晚餐
医疗机器人	手术精度提升，da Vinci 系统被广泛使用	进一步优化，减少人为错误
物流机器人	配送机器人开始运营，市场增长迅速	街头配送普遍，物流成本降低
技术支撑	Spot 用于检查，Optimus 在开发中	硬件集成更强，情感识别可能实现

5.1.2 AI Agent：智能助手升级

AI Agent正从简单助手升级为自主执行任务的“数字大脑”。

当前，AI Agent如Salesforce的Einstein Copilot已用于客户服务和销售自动化，研究预测到2028-2030年，它们可能规划旅行、管理企业策略。Monica.im的Manus AI于2025年3月推出，可执行网站构建、股票分析等复杂任务，显示高效协作潜力。

行业变革包括金融优化投资，如 AI 驱动的交易算法；物流管理供应链，通过AI预测需求优化库存；客服智能化，AI聊天机器人处理常见问题。2030年，AI Agent预计可具备多任务协同执行能力，管理健康、财务和社交，基于当前AI Agent市场预计2030年可达到上亿美元的增长。

AI Agent现在和未来的使用场景对比表

应用领域	当前使用	未来预测（2028-2030）
金融	优化投资决策	更精准预测，自动化投资管理
物流	需求预测，库存优化	全链条自动化，降低成本
客服	聊天机器人处理基础问题	智能化升级，情感识别提升用户体验

5.1.3 LAM：交互新前沿

大行为模型（LAM）如Rabbit R1理解意图并执行任务，当前已用于购物、媒体控制等。Rabbit R1由Rabbit Inc.开发，基于LAM，价格199美元，无需订阅，支持语音和触摸交互。研究显示，3-5年后（2028-2030），LAM可能成为设备核心，用一句话调节家居环境，就是基于其多模态输入能力实现的。

行业变革包括智能家居升级，如通过语音控制灯光；教育领域，虚拟助理提供个性化教学；虚拟助理更智能，可处理复杂任务。基于当前情感识别和多模态AI研究进展，2030年，LAM可能提供心理咨询和个性化教学。

LAM现在和未来的使用场景对比表

领域	当前能力	未来预测（2028-2030）
智能家居	语音控制灯光、温度	一句话调节全家居环境
教育	虚拟助理辅助学习	个性化教学，心理咨询支持
虚拟助理	处理简单任务	复杂任务执行，情感交互增强

5.1.4 自动驾驶：落地在即

自动驾驶技术从L3（条件自动化）向L4（高自动化）发展，当前L3系统如Mercedes-Benz的Drive Pilot已获部分认证，L4系统如Waymo One在凤凰城等城市提供无人出租车服务。百度Apollo在中国武汉运营500辆机器人出租车，计划2025年进入全面盈利期。研究预测，2028-2030年L4广泛应用，激光雷达和AI算法推动L5（完全自动化）级实现。

行业变革包括交通事故减少，当前数据显示约90%事故涉及人为错误；物流成本降低，AI优化路线；城市规划优化，减少交通拥堵。基于当前测试进展，2030年，L5级车内能变成移动办公室或娱乐室。

自动驾驶现在和未来的使用场景对比表

级别	当前状态	未来预测（2028-2030）
L3	部分城市使用，需司机随时接管	更广泛应用，高速公路自动化
L4	城市试点：Waymo One、百度Apollo	大规模商用，覆盖更多城市
L5	仍在研发	可能实现，车内变办公室或娱乐室

5.1.5 AIGC与AGI：创作与智能

AI生成内容（AIGC）当前已广泛用于媒体和教育，预测在2030年前后，90%的在线内容由AI生成，包括新闻、广告和电影。DeepSeek和Midjourney领先，AIGC重塑创作，教育领域AI工具如Khanmigo提供个性化学习。行业变革包括媒体效率提升，教育更具包容性。

AGI（通用人工智能）研究仍在进行，OpenAI CEO Sam Altman预测可能在2035年实现，但争议较大。目前，在某些特定任务上，AI已经展现出超越传统人类专家水平的能力——例如，DeepMind开发的AlphaFold在蛋白质结构预测领域取得了显著成果。然而，关于AI未来在跨领域推理能力上的进一步提升，以及在2030年前后实现初步突破并可能自主推动科研的预期，目前仍属于前瞻性设想，存在较大的不确定性，需要以审慎态度加以评估。

AIGC和AGI现在和未来的使用场景对比表

领域	当前状态	未来预测（2030）
AIGC	新闻、广告、电影生成，市场快速增长	颠覆媒体教育，生成完整电影
AGI	研究进展迅速，争议大	初步突破，跨领域思考，科研自主化

5.2 选择不被AI取代的行业

AI将重塑职业版图，以下从被替代性、保持生命力和赋能三个维度进行分析，并提供详细原因、数据和准备建议。

5.2.1 可能会被AI替代的职业

AI技术的快速进步不仅带来了便利和创新，也对传统职业格局构成了深刻挑战。基于当前技术趋势和预测，到2028-2030年，许多职业可能因AI的自动化能力和智能化水平提升而被部分或完全替代。从体力劳动到脑力工作，AI的影响无处不在。以下是对可能被AI替代的职业的详细分析，包括现状、技术支撑、行业变革及未来畅想。

现状与趋势

当前，AI已开始渗透多个行业，低技能重复性工作和高技能分析性任务均受到影响。例如，制造业的流水线工人已被工业机器人部分替代，而客服领域的聊天机器人已能处理70%以上的常见咨询。根据世界经济论坛（WEF）2020年报告，至2025年，自动化预计取代8500万个工作岗位，同时创造9700万个新岗位。然而，随着AI技术在2028-2030年进一步成熟，替代范围可能扩大至更多领域。

技术支撑

AI替代职业的能力依赖于多方面技术进步。工业机器人如FANUC和KUKA的机械臂已实现高精度装配；自然语言处理（NLP）模型如GPT-4和其后续版本可生成流畅文本并理解复杂指令；计算机视觉技术（如Tesla的自动驾驶视觉系统）使机器能够识别和处理图像。这些技术结合深度学习和大数据分析，使AI在速度、准确性和成本效益上超越人类。

基于这些前提，我们可以识别出一些容易被AI替代的职业：

职业	现状	技术支撑	行业变革	畅想
制造业工人	流水线工人已部分被机器人取代，汽车行业尤其明显。	Boston Dynamics 的 Atlas 和 Tesla 的 Optimus 可执行重复性体力任务，2025 年 Optimus 或进入工厂试用。	生产效率提升，人工成本大幅下降。	到 2030 年，绝大多数的制造岗位可能自动化，工人转为设备维护角色。

（续表）

职业	现状	技术支撑	行业变革	畅想
客服代表	AI 聊天机器人如 Zendesk 的 Answer Bot 已可处理大量基础查询。	NLP 和情感识别技术（如 Google Dialogflow）使 AI 能理解语境并模拟人类对话。	客服成本降低，响应时间缩短至秒级。	2030 年，AI 或完全取代人工客服，仅留复杂问题给人类处理。
司机（货运与客运）	Waymo 和 Tesla 的自动驾驶卡车已试点运行。	激光雷达、AI 算法和 5G 网络支持 L4 级自动驾驶。	物流成本降低，交通事故减少。	2030 年，长途货运司机和出租车司机可能消失，车辆维护成为新职业。
数据录入员与基础会计	AI 工具如 UiPath 的 RPA（机器人流程自动化）已可自动化数据录入。	OCR（光学字符识别）和机器学习可快速处理发票、报表。	企业运营效率提升，人工错误率降至近零。	2030 年，基础财务任务完全自动化，会计师转向战略分析。
新闻记者与内容创作者（初级）	AIGC 工具如 Jasper 和 DeepSeek 已能生成简单新闻和广告文案。	Midjourney 和 GPT 系列可生成文本和图像，效率远超人类。	媒体生产成本降低，内容生成速度提升。	2030 年，初级报道和标准化内容由 AI 产出，记者聚焦深度调查。
零售收银员	Amazon Go 的无人商店已淘汰传统收银员。	计算机视觉和 RFID 技术实现自动结账。	零售人工成本减少，顾客体验更流畅。	2030 年，大多数实体店实现无人收银，员工转为技术支持。

行业变革

AI替代职业将带来显著的经济和社会影响。企业将因自动化降低成本、提高效率，但大规模失业可能加剧社会不平等。教育和再培训需求激增，政府须制定政策应对劳动力转型。根据麦肯锡2018年报告，到2030年，全球约14%的工作岗位可能被自动化取代，尤其在发达国家。

畅想：可能被AI替代的职业图景

到2030年，AI可能重塑职场生态。低技能岗位如司机、收银员或将消失，高技能岗位如程序员、医生虽受影响但更可能与AI协作而非被取代。新兴职业可能包括AI系统维护员、伦理监管员和个性化服务设计师。社会可能迈向“全民基本收入”模式，以缓解失业压力。

职业	当前状态	未来预测（2030）	新职业可能性
制造业工人	部分自动化	90% 自动化	机器人维护工程师
客服代表	AI 处理 70% 查询	人工客服被完全取代	AI 交互优化师
司机	L4 试点运行	长途司机消失	自动驾驶系统调试员
数据录入员	RPA 广泛应用	任务全自动化	数据分析专家
新闻记者	AIGC 生成简单内容	初级岗位消失	深度报道专家
零售收银员	无人商店试点	普遍无人化	零售技术支持员

5.2.2 不会轻易被AI替代的职业选择

随着人工智能（AI）技术的迅猛发展，许多职业正面临被自动化和智能化工具替代的可能性。然而，仍有一些职业因其对人类独有能力的需求而难以被AI完全取代。这些职业通常涉及高度的创造性、情感理解、道德判断以及复杂的人际互动，这些是AI目前技术难以企及的领域。本章将探讨这些职业的特点、AI的局限性以及它们在未来的发展前景。

AI技术的现状与局限性

AI在处理规则明确、数据驱动的任务（如数据分析、图像识别和流程优化）方面表现出色。然而，它在以下几个关键领域仍存在显著局限：

情感理解与同理心：AI可以模拟对话，但无法真正理解人类情感的复杂性，也难以建立深层次的信任和共鸣。

创造性与独特性：AI可以基于已有数据生成内容，但缺乏人类基于个人经历、直觉和灵感产生的原创性。

道德与伦理决策：AI的决策依赖算法和数据，难以在复杂的伦理困境中进行权衡和判断。

复杂人际关系处理能力：AI在多方沟通、冲突调解和文化敏感性互动中表现不足。

基于这些局限性，我们可以识别出一些依赖人类特质、难以被AI替代的职业。

不会轻易被AI取代的职业

1. 艺术家与创意性质工作者

艺术创作不仅仅是技术活，更是对情感、文化和个人经历的表达。人类艺术家通过独特的视角和审美观创作出具有深度的作品，这是AI难以复制的。尽管AI可以生成画作或音乐，但其作品往往缺乏灵魂和原创性。未来，艺术家可能利用AI作为辅助工具，但核心创作过程仍将由人类掌控。

2. 心理治疗师与咨询师

心理治疗的核心在于理解患者的情感需求并提供个性化的支持。AI聊天机器人可以提供基础的情绪疏导，但无法建立深刻的情感连接，也难以应对复杂心理问题的细微差别。人类治疗师的同理心、直觉和信任关系是治疗成功的关键，因此这一职业在未来仍将不可替代。

3. 教师与教育工作者

教育不仅是知识的传授，更是对学生情感、社交能力和道德观的培养。教师能根据学生的个性、情绪和学习进度调整教学方式，而AI教育工具只能提供标准化的内容，无法感知学生的非语言线索或提供深层激励。未来，教师可能与AI协作，但其在情感支持和个性化指导中的角色无可替代。

4. 领导者与管理者

领导力涉及战略决策、团队激励和伦理判断，这些都需要人类的情感智能和洞察力。AI可以提供数据分析和预测，但无法在不确定性中制定愿景、激励士气或处理复杂的团队动态。领导者的人格魅力和跨文化理解能力也是AI无法模拟的。

5. 社会工作者与护理人员

社会工作和护理需要深入的人际互动和对个体需求的敏感性。无论是陪伴老人还是帮助弱势群体，人类的情感关怀和灵活应变能力至关重要。AI机器人可能承担部分体力任务，但无法替代人类提供的温暖和理解。

6. 科研人员与创新者

科学研究需要提出新的假设、设计实验并跨越学科界限进行创新。虽然AI在数据处理和模式识别方面表现出色，但它依赖已有知识，难以进行突破性的原创思考。人类科研人员的直觉、好奇心和伦理意识将继续推动科学进步。

为什么这些职业难以被AI替代?

这些职业的共同特点是依赖于人类特有的能力：

情感智能：理解和回应人类情感，建立信任和共鸣。

创造力：基于个人经验和灵感产生独特的内容或解决方案。

道德判断：在复杂情境中权衡利弊，做出符合伦理的决策。

人际互动：处理多方关系、冲突和文化差异。

AI可能在某些环节提供支持（如数据分析或流程优化），但无法取代这些核心能力。例如，AI可以为教师提供教学资源，但无法代替教师与学生之间的情感纽带；AI可以为领导者提供决策建议，但无法激励团队士气。

未来展望：不会轻易被AI替代的职业图景

职业	未来趋势	AI 的角色	人类的核心价值
艺术家	利用AI工具提升效率，但创作的核心仍由人类主导	辅助创作工具	创造力、情感表达
心理治疗师	结合 AI 诊断技术，专注于情感支持和个性化治疗	诊断辅助	同理心、情感连接
教师	与 AI 协作，AI 负责基础教学，教师聚焦于情感和创造力培养	基础教学辅助	情感支持、创造力培养
领导者	借助 AI 数据分析，但依靠人类智慧制定战略和激励团队	数据分析支持	战略思维、团队激励

（续表）

职业	未来趋势	AI 的角色	人类的核心价值
社会工作者	AI 辅助行政工作，人类负责核心关怀任务	行政任务自动化	人际关怀、灵活应变
科研人员	AI 加速实验和数据处理，人类推动原创性突破	实验和数据处理	原创性、伦理意识

挑战与应对

尽管这些职业难以被AI替代，但它们也面临变革的挑战。教育体系需要加强对创造力、同理心和伦理判断的培养，以适应未来需求。社会政策须支持劳动力转型，确保技术进步不会加剧不平等。

5.2.3 未来可能出现的职业

人工智能（AI）的迅猛发展不仅改变了我们的生活方式，也催生了一系列新兴职业。这些职业源于技术进步与社会需求的结合，反映了未来职场的新方向。以下是对五种职业的全面介绍。

1.自动驾驶汽车工程师

自动驾驶汽车工程师负责设计、开发和优化无人驾驶汽车的系统。他们将AI技术与汽车工程融合，确保车辆能在复杂环境中自主导航并安全行驶，涵盖从传感器数据处理到路径规划的完整流程。

为什么会有这个职业？

随着城市化加剧、交通拥堵和事故频发，社会对更安全、高效的交通解决方案需求迫切。自动驾驶技术被认为是解决这些问题的关键，Tesla、Waymo等企业的技术突破进一步推动了对专业人才的需求。

这个职业需要什么技能？

技术能力：需要掌握计算机视觉、传感器融合、机器学习算法和路径规划技术。

工程知识：熟悉汽车工程、系统集成和安全测试。

法律与伦理：了解自动驾驶相关的法律法规和伦理考量。

这个职业可能需要多少人？

全球自动驾驶市场预计到2030年将达到数千亿美元规模。随着技术普及，全球可能需要数十万名相关工程师。

2.提示词工程师

提示词工程师专门为生成式AI模型（如ChatGPT、DALL-E）设计和优化输入提示词（Prompt），确保 AI 能够准确理解用户意图并生成高质量的输出，如文本、图像等。

为什么会有这个职业?

生成式AI的广泛应用使得内容创作、教育、软件开发等领域对高质量AI输出的需求激增。提示词的质量直接影响AI表现，因此需要专业人员来提升其效率和准确性。

这个职业需要什么技能?

语言能力：精通自然语言处理和逻辑推理。

AI知识：深入理解生成式AI的工作原理和局限性。

创造力：能设计多样化、跨领域的提示词。

这个职业可能需要多少人?

随着AI工具在企业和个人中的普及，提示词工程师的需求将快速增长。预计到2028年，全球可能需要数十万名此类人才，尤其在内容创作和教育行业。

3.AI情感交互设计师

AI情感交互设计师负责设计AI系统的情感识别和回应功能，使其能够理解人类情感并提供自然、贴切的交互体验，应用场景包括心理健康支持和客户服务。

为什么会有这个职业?

随着用户对AI情感智能的需求增加，尤其在心理健康、教育和客户服务领域，情感交互技术成为提升用户体验的关键，推动了这一职业的出现。

这个职业需要什么技能?

技术专长：掌握情感识别算法和自然语言处理技术。

心理学基础：理解人类情感表达和需求。

设计能力：具备用户体验设计和人机交互技能。

这个职业可能需要多少人?

全球情感AI市场预计到2027年将达到数百亿美元。随着应用扩展，特别是在心理健康和客户服务领域，可能需要数万名设计师。

4.虚拟偶像经纪人

虚拟偶像经纪人负责管理和推广由AI生成的虚拟人物，如虚拟歌手或网络红人。他们结合娱乐产业经验和AI技术，打造其形象、内容和市场影响力。

为什么会有这个职业?

AI在图像生成、语音合成和动画技术的突破催生了虚拟偶像，满足了粉丝对“完美”偶像的追求，同时降低了娱乐产业的运营成本，特别是在亚洲市场。

这个职业需要什么技能?

行业经验：熟悉艺人管理和市场营销。

技术应用：了解AI图像和声音生成技术。

文化能力：具备跨文化传播和粉丝管理策略。

这个职业可能需要多少人?

虚拟偶像市场预计到2030年全球规模达数十亿美元，尤其在中国、日本和韩国等地区，可能需要数千名专业经纪人。

5.智能体协调员

智能体协调员负责管理和优化多个AI智能体（Agent）之间的协作，确保它们在复杂任务中高效配合，广泛应用于企业自动化、智能物流和智慧城市。

为什么会有这个职业?

随着AI智能体的自主性增强，多智能体协作成为提升效率的关键，尤其在物流、制造和城市管理等领域，对协调员的需求随之产生。

这个职业需要什么技能?

系统能力：精通多智能体系统设计和协作算法。

管理技能：具备任务分配和冲突解决能力。

数据分析：利用数据优化智能体工作流程。

这个职业可能需要多少人?

多智能体系统市场将在未来十年快速增长，特别是在物流和智慧城市领域，全球可能需要数万名协调员。

总结

以上5种由AI催生的新职业——自动驾驶汽车工程师、提示词工程师、AI情感交互设计师、虚拟偶像经纪人和智能体协调员——展示了技术进步如何为职场带来新机遇。这些职业分别在交通、创意、情感、娱乐和协作领域发挥作用，市场需求庞大，技能要求多样。随着AI技术持续演进，这些职业的影响力和需求还将进一步扩大。

后记

AI未来持续进化的探索之路

AI的发展才几十年，真正爆发不过几年。我们有幸能见证其从工具到伙伴的转变。未来，AI机器人可能走进每个家庭，自动驾驶车或可让交通零事故，通用人工智能（AGI）可能已在实验室中萌芽并走向大众视野。这些变化让我充满希望，我期待亲眼看到AI如何重塑生活。

但AI只是技术长河中的一朵浪花。其他领域同样令人振奋：

生物技术：CRISPR（Clustered Regularly Interspaced Short Palindromic Repeats：成簇的、规律间隔的短回文重复序列，它是一种存在于细菌和古菌中的DNA序列，作为这些微生物适应性免疫系统的一部分，用于抵御病毒的攻击。）技术或可治愈遗传病，延长寿命，2030年可能实现个性化医疗（CRISPR进展）。

量子计算：Google和IBM的量子计算机或可解锁新药研发，2040年可能改变计算范式（量子计算未来）。

可再生能源：核聚变或在2040年商业化，零碳生活指日可待(核聚变研究)。

太空探索： SpaceX的星舰计划或可让人类2030年重返月球，2050年可能移民火星。

这些技术交织，带来无限可能，我们有幸见证。

时间的残酷与希望

然而，技术的飞速的发展步伐与我们有限的生命形成对比。我们会变老，体力、记忆可能衰退，这是自然规律，无法抗拒。我时常想到，2030年AI机器人为我准备早餐时，我是否还能熟练操作？2050年火星移民新闻出来时，我是否已行动不便？这种想法让我感到一丝无力。

但我们也在生活中看到希望：现年90岁的张钹，他是中国人工智能领域的奠基人之一，现任清华大学人工智能研究院名誉院长、清华大学信息学院学术委员会主任，主要从事人工智能、人工神经网络、遗传算法等研究。又例如现年79岁的图灵奖获得主姚期智对中国的AI发展产生了重大影响，担任清华大学交叉信息研究院院长，培养了许多在AI领域取得卓越成就的学生。还有更多优秀的人，不惧年龄增长，依旧专注于AI技术的研究。

永不被淘汰的可能

衰老虽残酷，但我们可以选择不被时代抛下。AI和技术之路没有终点，只要保持好奇心和学习力，我们就能一直走在路上。每天花30分钟学新技能，如用DeepSeek生成内容，或了解量子计算基础，10年就是1800多小时，足以成为专家。

我相信，未来的某一天，当AI机器人为我服务，自动驾驶车送我出行时，我依然能与它对话，规划生活；当火星移民成为现实，我还能与朋友讨论技术的下一步。这不是对抗衰老，而是让有限的人生充满可能。让我们一起，踏上这未完的旅程。

应对策略

持续学习：每天30分钟，10年1800多小时，足以成为专家。

社区支持：加入Hugging Face，关注Google I/O等开发者大会。

心态调整：保持好奇心，尝试新工具，如用DeepSeek生成内容。

AI的持续进化

AI从1956年达特茅斯会议提出，到2023年ChatGPT的爆发，发展不过几十年。研究表明，AI到2030年将贡献全球GDP13万亿美元，涵盖医疗、教育和金融。

AI未来可能包括：

AI机器人：Boston Dynamics的Spot已展示复杂导航，Tesla

的 Optimus计划成为通用服务机器人。

AI Agent：Manus AI GAIA基准测试准确率约86.5%，在金融和物流中潜力大。

AIGC和AGI：AIGC如Midjourney已经在创作领域取得成就，AGI或于2030年取得初步突破。下面附上技术与学习资源对比表，供大家参考。

技术与学习资源对比

技术领域	预计突破时间	学习资源
AI	2030（AGI）	DeepSeek、Coursera AI 课程
生物技术	2030（医疗）	Nature 论文、Udemy 课程
量子计算	2040（实用）	IBM Quantum、MIT 课程
可再生能源	2040（核聚变）	IEA 报告、LinkedIn Learning
太空探索	2030（月球）	SpaceX 官网、NASA 课程

AI和技术之路未尽，我们有幸见证其辉煌。保持学习，拥抱变化，你我都能不被时代抛下。